美味礼読

乳井昌史

清水弘文堂書房

目次

※各編の終わりに掲載した書籍の価格は、税抜き価格です。

編集　渡辺　工
装丁　佐藤のぞみ

美味礼読

乳井昌史

第一冊

『食味風々録』　阿川弘之著

弱卒の〝土佐撤退〟は正しかった！

表題は、「ぶうぶう」録と読む。「八十歳近くなって、食べもののことにもまだぶうぶう文句ばかりいっているな」と思ってつけたという。尋常ならざる味覚へのこだわりを、ユーモアに包んで面目躍如の感がある。

船や食堂車の食事などをめぐる二十八話の随筆集を味わうと、何を、誰と、どう食べるかは、生き方そのものだと思わされる。文士や学友、海軍仲間と阿川弘之氏の交遊録であり、食べ物による自叙伝の趣もある。

そういうご仁だから、海外旅行の機内食が嫌で手製の弁当を持ち込む。「卵焼の濃い黄色、かまぼこの白、梅干の赤、塩鮭の赤、野菜の緑、その容器の銀色、黒く細い錦戸の塩昆布、牛肉の佃煮の佃煮色」。初めは「変な客」みたいな顔をしたスチュワーデスも、「まあ、美味しそう」。夫唱婦随、こだわりに応える阿川夫人がえらい。

当然、酒飲みである。栴檀《せんだん》は二葉より芳しというのか、小学校四、五年生の頃、初めて冷や酒を飲み、「五臓六腑にしみわたると言いたいほど旨かった」というから恐るべし。

その阿川さんが高知へ行った折、酒量を聞かれ「ある程度までは飲みます」と答え、同行の三浦朱門氏に「そりゃ高知じゃ、一升や二升軽くいけるという意味なんだ。大変なことになるよ、君」と言われる。その夜、土佐

の酒豪たちの途方もない話を聞かされながら、「先生どうぞどうぞもう一献」と勧められ、「前言翻《ひるがえ》すようですが、まことにどうも不調法で」と繰り返し、何とか宿へ引き上げたという。

この話で思い出した。初めて行った高知でふらりと入った店で、どうも銚子一本の飲みでがあり過ぎる。店の人に聞くと、一・三合分あるという。うれしいような困ったような。翌日、半日乗り回して気心の知れてきたタクシーの運転手にそう言うと、「そんな程度では」と笑い飛ばされた。「もう一泊するなら、お客さん、車を置いてきてお相手しますよ」と言われたのにはもっと驚いた。

この運転手さんとは、昼食を一緒にした。こちらは、カツオのたたきで一本。彼の喉《のど》がゴクリと鳴る感じが伝わって来て申しわけなかったが、酒を供するわけにはいかない。

夜も、安くて旨くて居心地のいい店を知っているのだろう。半分気持ちが傾いたが、ただならぬ酒宴になりそうな予感がして、開けっぴろげの好意を固辞した。あの〝海軍魂〟の阿川さんでさえ恐れをなしたと知ると、弱卒の〝土佐撤退〟は正しい選択だったのだと思う。

文庫化を機に本書を味わい直したら、終わりの「置土産」の章で、天麩羅、豆腐、河豚《ふぐ》、蕎麦、うどん――を書き残したと記している。ぜひ、読みたい。八十歳を越えた今の、お酒のたしなみ方も知りたいところだ。

（新潮文庫・４７６円）

第二冊

『酒中日記』　吉行淳之介編

歓楽尽きて哀感漂う

皆さん、よくお飲みになる。吉行淳之介、近藤啓太郎、山田風太郎……。三十二人の著名作家の酒にまつわるエッセイ集。かつての文壇の交遊録でもある。

銀座に遊ぶ作家たちのにぎやかな酒もいいが、京都逗留の水上勉の一人酒がいい。「古都ひとり」の章。創作の疲れか、女性問題の悩みか、当代の大家が孤影悄然、花見小路や先斗町をふらふら飲み歩く。その人が、田中小実昌の直木賞受賞の夜、新宿ゴールデン街で大酔して「小実昌万歳」と叫ぶ。

そんな様子を活写した色川武大の「小実《こみ》さんの夜」の章によると、「たかが直木賞で、と思うだろう。（略）でも、嬉しいのだ。何であろうと、小実さんが世間から拍手されるということが大慶すべきこと」なのだ。隣り合った殿山泰司と、「いい晩ですね」「ほんと、いい晩でした」と語り合う。

読んでいるうち、その殿山、田中のご両人が交差した場面をゆくりなくも思い出した。

港町の新潟市に十四番町（地）という旧遊郭がある。若い頃、新聞記者として支局勤務していた冬の夜、十四番町で起きた連続放火事件の取材を終え、寒風にあおられてうらぶれた飲み屋に飛び込んだ。相当に甲羅を経た

ばあさんが二人。「しまった」と入った途端、後悔しつつ観念して座ったが、頼んだ熱燗、これがまあ、実にまずい。新潟は、いい酒どころであるはずなのに。

こちらの気を引くつもりか、おかみが手伝いばあさんに「この間、殿山泰司が来て面白がったの」。思わず、「エッ、まさか」と釣り込まれたら、「ホントだてェ。その三日前には殿山さんに似た、頭のはげた、ホラ、小説書く人、田中コミ、コミ……」。「田中小実昌が?」「そんだ、その人も来たよ。歌ってさ、まんず、おがしな人だった」と金歯の大口を開けて笑った。なんだ、なんだ、ここは越後の隠れ文壇酒場か。「この店を目当てにきたの?」と聞くと、「イヤッ、たまたまだ。殿山さんも、エッ、コミさんがって、びっくらこいでだ」。ガハハ、イヒヒと大笑いする老嬢二人を相手に、まずいはずの日本酒をしたたかに喰らってしまった。港町に棲息する二匹の古狸に化かされた気分の夜だったなあ。

つい先日のこと、殿山泰司著「三文役者のニッポンひとり旅」を手にしたら、なんと、「十四番地老情」の章に養老院みたいな店が出てくる。風来坊の役者がこの店に入って、「三日前!! 三日前に小実さんがこの店へきたのか」と余りの偶然に仰天している。「小実さんはどうしてこんな飲み屋ばかり好むのか、オレは理解に苦しむけどね」と言っているが、なに、ご本人も同類なのだ。

一週間後、僕もあの店に入ったのだ。古狸に化かされたわけではなかった。こういう不思議に出会うので、たまに知らない酒場で飲みたくなる。お二人とも、もういない。『酒中日記』の三十二人のうち三分の一以上が鬼籍に入った。歓楽尽きて哀感一入《ひとしお》である。

（中公文庫・762円）

第三冊

『冒険する舌』　小泉武夫著

全身全霊で、何でも食らう

舌で、口蓋で、喉で味わう。口中ばかりか、五感のすべてを動員して味わう。

小泉武夫さんと一緒に食事をすると、いつもゴムマリのように弾みながら全身全霊で味わっている。「カニの甲羅のみそをペロンペロン、熱燗はコピリンコ」。独特の味覚表現から、おいしいものに出会った喜びが伝わってくる。

その東京農大教授による写真満載の『冒険する舌』は、のっけから〈蜘蛛《くも》を食う〉。カンボジアでクモの惣菜を試食し、「シャリシャリとした歯応えの中に、ジュワリジュワリと湧き出てくる、サワガニのようなうま味」に感動する。こういう人かなあ、最初にナマコやホヤを食ったのは。

〈蛇を食う〉。決してゲテモノ食いではない。東南アジアの自然環境と稲作文化がつくった一種の食物連鎖であり、貴重なタンパク源、ミネラル源なのだという。

「どうだ」とばかり、ヘビの串焼きを突き出している教授の表情は、ガキ大将のようだ。地球を駆け巡る勢いの現地調査への出発点は、ふるさと・福島の山野を走り回って何でも口にしたわんぱく時代にあるようだ。カンボジアの無垢な感じの少年とうれしそうに肩を組んで、その年ごろの自分を思い出しているのだろうか。元気いっぱいの写真を眺めていると、日ごろの飽食に馴れ切って衰弱したわが胃袋を、つい省みてしまう。〈酒を吸う〉。ラオスやカンボジアでは壺の中に竹の管を差し込み、みんな一緒に酒を吸う。現地の人々と同じ壺の酒を吸う仲になった醸造・発酵学の研究者は、アンコールワット周辺の遺跡の壁に壺から吸酒管で酒を吸っている浮き彫りを発見して小躍りする。

このレリーフの写真を仔細に見ると、大きな魚を肩にした漁師らしき男の前を、大漁を知らせているのか、やはり半裸の男が楽器を吹き鳴らしながら踊るように行く。日本洋画史上の名作、青木繁の「海の幸」のにぎわいを見るような光景に小泉さんならずとも心を揺さぶられる。そうだ、ここに食べる喜びの原点があるのだ。

ミャンマー山中で出会ったという、なつかしい蒸気機関車の丸っこい形に思わず笑った。機関車の前で、胸を張ってポーズをとっている著者の体型にそっくりなのだ。

東奔西走する教授の研究室に顔を出すと、白衣を着て朝九時には汗をかきかき仕事に熱中している。真冬というのに窓は開けっ放し、足元では古い小型扇風機が風を送っている。「いやあ、オレ、燃えてっから、アッハッハー」。なんという燃焼度の高さ。自称、「味覚人飛行物体」の発散する熱気を浴びて、こちらまで元気をもらう。

（集英社インターナショナル・２４００円）

第四冊

『明治・大正を食べ歩く』

食べ物屋は家業がいい

森まゆみ著

読んでいるうち、東京・根岸の「香味屋」のタンシチューが食べたくなった。下町担当の駆け出しの新聞記者時代、かつて正岡子規が住んだ界隈をぶらぶら歩き、江戸情緒を残す柳通りの店によく立ち寄った。ある昼下がり、清潔なテーブル席で一杯の赤ワインとタンシチューを楽しんでいたら、二階から音もなくといった感じで一組の男女が下りてきた。カシミアの黒いコートの五十年配の紳士と品のいい和装の四十そこそこのご婦人のカップルだが、ひっそりした様子から匂い立ってくるのは夫婦の感じではない。映画を見るようなシーンに、「密会」という古風な言葉が浮かび、若僧はただ見ほれていた。

「谷根千《やねせん》」（※）で知られる地域誌の編集者で作家の森まゆみさんが、拠点の谷中や根津、千駄木から神田、浅草、銀座などへと足をのばし、古い暖簾を守る三十三店を取り上げた本書は、むろん単なる食通の案内記ではない。

店の人を相手に、聞き上手の森さんは「百年、二百年、三百年と同じ土地で同じ商売を張っている」老舗の底力に心を動かされる。震災や戦災、バブル経済とその崩壊……世相を反映した本書は、自ずと「飲食の商売人の立場から見た日本近代史」になっている。

牛鍋、カツレツ、そば、寿司、甘味……数えたら二十六は行ったことがあり、今も通う店がある。森さん自身は「食物の本を出すほどの蘊蓄《うんちく》はない」と言うが、丁寧な取材と客としても通った筆と舌に外れはない。読み終えて、各店に共通の義理堅さを感じる。

「神田まつや」の三代目は、創業時に「かんだ藪蕎麦」の先代に世話になったことを忘れず、「心の広い方です」と話す。銀座「煉瓦亭」の三代目も、祖父をこの商売に誘った〝山本のおじさん〟を恩人だと言う。有形文化財の旅館「鳳明館」の主は、本郷の土地柄で成り立っている業《なりわい》だと肝に銘じている。

この感謝の念が料理や接客態度に自然と表れ、老舗の評判を得たのだろう。食べ物商売の基本は、家業がいい。企業化すると、どこかおかしくなる。「食べ物屋と屏風は広げると、倒れる」ということを誰かが言っていたが、昨今の風潮にその通りだと思う。

久しぶりに根岸へ出かけた。あれから三十年余。秘めやかな男女は、どんな結末を迎えただろうか。幸か不幸か、こちらは甘美で危険な匂いを放つ禁断の味を知らないまま、あの頃の紳士の年代を過ぎようとしている。端正な盛りつけとタンシチューの旨味《うまみ》、落ち着いた店の空気だけが変わっていない。

（ＰＨＰ新書・９５０円）

※地域雑誌『谷中 根津 千駄木』は、一九八四年に創刊され、二〇〇九年八月発行の九十四号で終刊を迎えた。

第五冊

『スタア・バーへ、ようこそ』　岸久著

銀座が育てるバー空間

「ああ、やっと来たよ、クマさん」。七十代後半に見えるステッキをついた客は、カウンターの席に座ると、「銀座に出たのは何年ぶりかな」とうれしそうに笑った。

「ソフィア」が閉店すると知って、二〇〇三（平成十五）年の暮れから今年（平成十六年）二月にかけ、そんな年代の客が多くなった。なつかしそうに店内を見回す。淡い明かりのシャンデリアも、白いグランドピアノも、低くシャンソンを奏でるプレイヤーも、何もかも変わらない。古いなじみが、時間が止まったみたいな空間にすっぽりおさまっている。

銀座の真ん中のビルにある店には、かつて河上徹太郎と吉田健一が通い、石川淳らも顔を出した。名物編集者も集まったが、文壇バー特有の臭みはない。ふくよかな顔に笑みを絶やさないバーテンダーの人柄が、いい雰囲気を醸している。

カウンターとソファで三十席以上ある店をクマさんこと、熊井豊さんは一人で切り盛りしてきた。ゆったりした空間。今思うと、銀座の一等地で、実に贅沢な時間を過ごした。

四十五年間、銀座のサロン的な存在であった「ソフィア」は知る人ぞ知る店だったが、「スタア・バー」は開店四年余にして名の通った店だ。日本人で初めて、世界カクテルコンクールで優勝した岸久さんのバーテンダーとしての実力と、スタッフを率いたチームプレーの気遣いが相俟《あいま》ってのことだろう。

「東京の銀座でバーをやっております岸です」と話言葉で始まる本書によると、「バーテンダーの仕事は、ちょっと固く言うと、お酒をつくる調理技術者である面と、お客様と接する接客技術者としての面を併せ持つものです」。こういう店で、いつも飲みたいなあ。

明確な理念に基づいて毎日積み重ねてきたことが、評価をもたらしたのではないか。正統派バーとしての雰囲気を保つことは容易ではないが、銀座という土地柄が与えるものも大きいと思う。

客としては、銀座にこんなバーがあると具合がいい。僕の場合、二十数年通った「ソフィア」がそれで、カウンターを挟んでクマさんと話しながらグラスを傾けると気持ちがほぐれる。生活のリズムの一つであった。

そのバーが閉じた。打ち明けられた時は、うろたえてしまった。「Kさんは、なんて言ってるの」。長い常連の反応を聞くと、「クマさん、よくやったよと言ってくれました」という。この道一筋の万感がこもっていた。銀座で遊び、もう少し飲みたいなと思っても止まり木がない。ホームレスになった気分を味わっている。

（文藝春秋・1500円）

第六冊

『東海林さだおの味わい方』　東海林さだお著　南伸坊編

ショージ調、食べる心理を言い当てる

森鷗外や夏目漱石の文豪の本を書棚に置いている家も多いと思うが、東海林さだおの本がある家も多いことだろう。調度品化せず、実際に読まれているのでは一番ではないか。なかでも、『わが家の夕めし』（朝日文庫）の解説文に面目を感じる。

有名人家庭の夕食風景を写真で見せる、かなり前に出た本だが、東海林さんは「次のような鑑賞の仕方をしてはいけない」と戒めつつ楽しんでいる。「お醤油の量が多過ぎるのではないか」「魚は頭を左側に置くのよね」「子供たちの箸の持ち方がなっとらん」……。細部への観察眼とリズム感、抜群の描写力の文章を読んで改めて写真を眺めると、食卓上にそれぞれの家庭事情までが見えてくる。

食べるという行為と人間心理に通暁した人の四十九冊のエッセイ集から、おいしいとこだけを集めたのが、『東海林さだおの味わい方』。実に三百八十五項目も並べた、〝ショージ君の食物辞典〟である。

カツ丼はさらに四細目もある。注文の際の興奮の面持ち、フタを開けた時の高まる気持ちに言及し、錦手の丼の中の茶色のカツ、黄色と白の卵、グリーンピースから成る色彩や構造を熱く論じる。常にショージ調の律動を

保ちながら、本書では重複や自己模倣に陥っていない。エライ！　東海林さんの精進を思う。

母親と並んだ肉屋さんのコロッケ。「大人よりうんと低い位置から嗅いだ揚げたての香り。それは夕方の匂いであり、雑踏の匂いであり、夕食前のあわただしさの匂いでもあった」。郷愁をかき立て、正月早々、読む側を肉屋のコロッケへと誘う。

「卵を割ろうとして何かに当てるとき、なにかこう謙虚な気持ちになりませんか」。ここでハッとしない人は、きっと救われない人である。「おごりたかぶった人がいたら、とりあえず卵を十個ほど割らせてみるといいかもしれませんね」。十個どころか、一個目でグシャッと失敗する僕なんかはどうなのか。卵によって心の深奥を言い当てるアフォリズムの妙に、マッチ箱をもって人生を論じた芥川龍之介の「侏儒の言葉」を想起する。

カレー、ラーメン、サバのみそ煮の挿絵をシミジミ味わっていたら、この文章家は、まず漫画家であることを思い出した。そう、第一級の。

暮れの一夜、出版社の漫画編集者である先輩と新聞社の文芸担当者である後輩と飲んでいたら、二人の間で激しい論争になった。「東海林さだおは漫画とエッセイのどっちが面白いか」。双方から「どっちだどっちだ」と判定を迫られ、タジタジとなってうつむくと、皿の上の目刺しがつぶらな眼《まなこ》でこちらをジッと見上げていた。いや、楽しくも切ない酒宴であった。


（筑摩書房・1900円）

第七冊

『実践　料理のへそ！』　小林カツ代著

「ネギそば」は二日酔いの妙薬か

銀座の泰明小学校のそばにあった中華料理の店にはよく通った。夜、気心の知れた仲間とワイワイ円卓を囲むのもいいが、昼に一人で食べるネギそばもうまい。どういうわけか、二日酔いにすこぶる効く。ジッと我慢して仕事をこなし、さて、お昼。そのころ勤めていた新聞社のある大手町から丸の内線で銀座へ出て、東京飯店ですぐさま、「ネギそば」を注文する。

疲れた胃にクタクタの麺がやさしい。濃いめの熱々のスープがよくからんで、不思議な旨味《うまみ》を出している。具は焦げ目のついた、これもクタクタの長ネギだけ。ネギ、スープ、麺が〝三味一体〟で臓腑を刺激する。かなりの分量を、フーフー、ズルズルと一心に食べ終えると、ドッと汗が吹き出す。職場に戻って、仕事に一段落する頃には、「さて、今夜はどこで飲もうか」という気分になっている。実にありがたい逸品だった。

ある夕、東京飯店の前を通りかかったら、テレビの料理番組で見覚えのある小林カツ代さんが、数人と連れ立って店へ入って行くところだった。気合十分。「さあ、食べるわよ」といった感じで吸い込まれて行った。

その料理研究家の『実践　料理のへそ！』も気合が入っている。例えば肉豆腐。「……醤油、砂糖かみりん、酒、水すべて大匙一と、牛肉一人百グラムを広げるようにして鍋に入れてわーっと煮立てます。（略）水を少し足す。そこへ斜めに切ったねぎを加え、またまたわーっと煮る。クックツいってるところに豆腐を二、三センチ角に切ってドバッと入れる……」。わーっ、クックツ、ドバッという擬音に勢いがあって、「おれにも出来そうだ」と思わせる。

簡単でおいしい百七十品目の料理法。一人か二人向けというところがミソだが、「人間、ある程度生きてきて自分というものが出来てくると、一人でいる心地よさを知ってくる。同じ二人でも、そういう一人と一人の二人」なのだという。ウーン、これはなかなか、大人の考えだなあ。「一人で食べる贅沢」への手引き、それは少子高齢化の時代にこそ求められているものかもしれない。

「小さい釜で目いっぱい炊く」ご飯の炊き方から読み出し、「クッタクッタになるまで炒める」ねぎ炒めラーメンのところでオッと思った。

「大好きだった中華料理店のオーナーがしてくれた話が、あまりにも美味しそうだったんで」と言う。ひょっとすると、あのネギそばの小林流アレンジではないか。残念ながら、東京飯店が銀座から姿を消してしまった今、台所に立たぬ身ながら、これぱかりは自分で試してみるか。

（文春新書・720円）

第八冊

『平成鍋物大全』　全日本鍋物研究会編

鍋を囲んで民主主義の心を学ぶ

東北の田舎町でまだ馬そりが活躍していた時代、スキーをはき、後ろにつかまって小学校へ通ったものだ。雪晴れの朝、町内の肉屋さんの前を通ると店主がそりを曳く馬を小屋から出して歩かせようとしているが、「ドー、ドー」の掛け声も空しく、へたり込んでしまう。荒い息が、寒気に白く見えた。馬小屋が空っぽになって、「お得意さんに」と経木に包んだ馬肉が届いた。味噌仕立ての桜鍋は、凍み豆腐（高野豆腐）に味がしみてうまかった。ホカホカと温まった。

初めて馬肉を食べた半世紀ほど前の記憶だが、馬のおとなしい目が浮かんで後ろめたくもあった。子供心にボンヤリと、人間って、何でも食ってしまうんだなあ、と思った覚えがある。

本書でも、東京は下町の桜鍋の老舗を紹介し、「肉の色が桜色だから、桜の季節になるとうまくなるから」などといわれを説いている。とすると、春こそと思うが、やはり冬のものだろう。夏の季語のどじょう鍋の例もあるが、一般的には鍋と言えば冬である。

六百項目もある『大全』は盛り沢山の寄せ鍋風だが、全日本鍋物研究会を名乗るメンバーの蘊蓄《うんちく》が面白い。

①目の前に火元がある②具が液体に入っている③みなで囲んで食べる――を「鍋物三原則」と唱え、一人鍋や湯豆腐などの類は外している。上下別なく、湯気を囲み、じか箸でワイワイやる。原始民主主義の性格が、鍋物にはあるという。

平等を言いながら鍋奉行の存在を認めているのがおかしいが、確かにリーダーシップなき民主主義は始末に負えない。奉行の条件に気配り、講釈垂れの知識、それに手のきれいな人を挙げ、しかし、「白魚のような指である必要はない。不潔でないこと」と言う。

前回登場した小泉武夫さんとふぐ屋へ行った折、鍋となったらやおら身を乗り出してきた。食いしん坊らしいぽっちゃりした、これぞ鍋奉行の手だ。白魚のような指では気もそぞろ、車座の輪――和が乱れかねない。そんな女《ひと》とは、四畳半で小鍋立て、差しつ差されつしっぽりと……おっと、話がそれた。

アクを掬い過ぎ、旨味《うまみ》を損なうのはアク代官と言うのには笑ったが、あらゆる鍋物を味わい尽くす情熱と遊び心は、お見事。冬、家庭や居酒屋で鍋を囲み幸福感に浸っている人が多いだろう。各地の鍋物の多様な種類、豊かな食材、そして貪欲な胃袋を思うと壮観でさえある。ホント、人間って、何でも食ってしまうんだなあ。

（日本経済新聞社・１７００円）

第九冊

『東大講座　すしネタの自然史』　大場秀章　望月賢二　坂本一男　武田正倫　佐々木猛智著

「江戸前」は職人を育て、客も鍛える

大きな書店をのぞくとすしに関する新刊の本が、また増えているようだ。すし屋で一杯、を無上の喜びとしている自分もそうだが、日本人って、ホントにすしが好きなんだなあ。

一方で、大学の講義を一冊にまとめた講座本の出版がはやっている。すしの話を講座本で出したら売れると思ったのかどうか、東大も粋なことをするものだ。『すしネタの自然史』ときた。

東大総合研究博物館の大場秀章教授ら五人の研究者の共著によると、江戸半ばから末期にかけて広がり始めた握り鮨は、日本の自然の多様性と持続性で成り立ってきた食文化だという。その発達をたどりながら、温暖化による生態系の乱れや汚染、乱獲がもたらしたすしネタの枯渇をわかりやすく説いている。

二〇〇二（平成十四）年正月、築地の初競りで近海のクロマグロ一本に二千二十万円の値がついた時には驚いた。世界中で買い漁って批判を浴びているが、マグロも含めすしネタの四割以上は輸入に頼り、江戸前と言うより〝成田前〟の状況だという。

白身の代表のマダイの八割以上、ヒラメの半分も養殖もの。資源回復に稚魚の放流は有効だが、病気の持ち込

みや遺伝的多様性の減少という新たな問題も懸念されている。

さて、江戸前のすしと言えば、やはりコハダ。光りものは職人の腕の見せ所、わけてもシンコの季節のうまさときたら……。いつだったか、東京・下北沢の「小笹寿し」でシンコを肴に一杯。スズキやマグロの赤いとこでさらに飲み、それからシンコを、二つずつ二度握ってもらった。

三度目の注文に、大入道のような頭に鉢巻きの似合う岡田周三親方がこう言った。「他のお客様のこともお考えなすって」。それでも食べたい。言われるままじゃ、金を払う意味がない。カンピョウ巻きで仕上げる前、すっとぼけて「ガリを巻いて、シンコと一緒にね」と頼んだら、ニンマリ笑って出してくれた。

シンコ、コハダ、ナガツミ、コノシロと成長につれ、名前が変わるこの沿岸の魚の水揚げ高も、本書によると減少の一途にある。そういう背景を知ると、客のわがままばかりを聞いていられないという気持ちもわかる。

残念ながら、岡田さんは病の床につき、名店をしっかりした仕事をする弟子に譲って亡くなった。若い時から通い、注文の仕方、酒の飲み方……すし屋での立ち居振る舞いの万般を教わった。怖くって、おかしくって。いい親方は、職人を育て、客も鍛えると今になって思うのである。

（NHK出版・1500円）

第十冊

『築地のしきたり』　小林充著

プロを満足させる人もまたプロ

東京・築地の中央卸売市場に毎日のように通ったことがある。

まだ有楽町に都庁舎があった都政担当の新聞記者の頃だが、ある日、自分の守備範囲に〝都民の台所〟があるのに気づいた。世界中の魚が集まる河岸の活気にワクワクしたが、生来の食いしん坊、場内の食堂街の虜《とりこ》になってしまった。買い出しのプロを迎えるだけに、どの店もうまい。魚屋のおやじさん、すし屋や料亭の板前さんと肩を並べ、朝食というには贅沢過ぎる料理を堪能した。

カキフライとポテトサラダでビールの小びん一本、オムライスぐらいで済ませるといいのだが、シャコのツメで一杯やっている隣が気になる。マグロの赤身や煮アナゴもうまそうだ。つい、杯に手がのびるが、赤い顔で仕事に戻るわけにいかない。真昼の銭湯で酒っ気を抜いたりしていると、一日のいい時間が終わってしまう。これじゃ、本体の有楽町の取材で後手に回る。「場内全店を食べ尽くそう」という夢はあきらめるしかなかった。

本書でも〝魚河岸フリーク〟の著者が、喜々として名物食堂の報告をしている。

カツカレーの原型のような「のっけかけ」のある店ではご飯にカツとオムレツを載せ、カレーとハヤシをかけ

分ける「オムカツのっけの両がけ」なんて注文もある。古い味わいの喫茶店ではトーストの焼き方、切り方、耳の処理法、バターやジャムの塗り方で七百二十のバリエーションがあるというから驚く。あの頃も、老板前風の人が「耳三つ落としの四つ切り、ハーフ」と、うれしそうに込み入った注文をしていたなあ。舌の肥えた河岸のプロたちはわがままだが、手際よく応対し、満足させる店の人たちもまたプロなのだ。

この本の本領は、そうした人々を含め、市場に独特の伝統やしきたりを丸ごと文化としてとらえようとする姿勢にあるのだろう。

一日の取引高二三〇〇トン、約二十億円の築地市場は豊洲へ移転する話が出ている。老朽化に加え、IT化対応、環境対策などの面からやむを得ないと思いつつ筆に愛惜の念がにじむ。とりわけ、マグロのセリの鮮やかな手並みへの共感を示した「セリ人の生活」の章は、行き届いた取材でうなずかせる。

場内の食堂街通いから十年後、チェロ奏者で指揮者のロストロポービッチ氏を市場へ案内したことがある。指揮者のように値を決めるセリ人の指の動きに感激したのか、巨匠は「彼はアーチストだ」と叫んだ。やはり、プロはプロを知るのである。

（NHK出版・680円）

第十一冊

『ショートショートの広場15』
丼ものは下手《げて》ではあるが

阿刀田高編

ニュースの本筋より、それを離れた付随的な話題の方に目を奪われることがある。ＢＳＥ（牛海綿状脳症）問題がもたらした、牛丼騒動でもそうだった。

「牛丼は売り切れです」と断られ、腹いせに暴れた男が逮捕されたという。米国産牛の輸入停止で、牛丼チェーンの「吉野家」の在庫が底をついた二〇〇四（平成十六）年二月、茨城県で起きた出来事である。

そういう現実を、見事に先取りしたような作品があるんですネ。ショートショートばかり集めた本書の中の一編、「かつ丼」を読んでそう思った。

「かつ丼が食べたくなった」と始まる。まだ十時前なのに、「なんで、かつ丼なんだろう……男はおかしくなって笑った」。昼休み会社を飛び出し地下鉄で有名店まで出かけたが、行列を見てあきらめる。他を探しているうち、結局お昼を食べそびれてしまう。

「かつ丼、かつ丼」と何も手につかなくなる。ふいにコンビニの丼ものを思い出し再び外へ。息せき切った姿に店員はたじろぐが、笑顔で「申しわけございません、売り切れました」。どうにもならないやりとりの挙げ句、逆上した男は「かつ丼を出さんと、お前の首を絞めるぞ」と、ついに警察沙汰を招く。取調室。かつ丼が頭から離れず、そっぽを向いている男にベテランの刑事が、「まあ、これでも食べて。話はそれから聞こう」と言って丼を差し出す。かつ丼であった。

食べ物だけをテーマにした本ではない。アマチュアのショートショートを編んだ本で、これが十五冊目。「かつ丼」の島崎一裕さんという書き手は、全六十四編のうち五編も選ばれており、よほどの手だれらしい。

かつ丼や牛丼、天丼は下手《げて》の味ではあるが人を夢中にさせる力がある。錦手の丼のふたを取り、湯気の中に顔を突っ込むように食べる瞬間を思うと、矢も盾もたまらなくなる。しかも安い。有名店でも高が知れている。だからこそ、ショートショートの作品を追いかけるような事件が現実に起きるのだろう。

この騒ぎの中で、吉野家の牛丼を食べた。この味と量でたった二百八十円。茨城県の〝牛丼男〟に、つい同情したくもなる。

丼の底、茶色の汁にぬれたご飯粒を眺めながら、一方でこうも思う。今は米国産牛の輸入停止問題に関心がいっているが、事の本質は世界一の食糧輸入国だということではないか。よその国で何か起きる度に右往左往している。この現状をどうにかせずして、一国の安全もないもんだ。

（講談社文庫・495円）

第十二冊

『ニッポン全国酒紀行』　江口まゆみ著

若い女性に教わる酒飲みの心意気

若い女性たちが元気だ。仕事もそうだが、酒も強い。先夜、久しぶりにハシゴをして歩いたが、相手は三十代の独身女性。しかも、はんなりと美しい。同業のフリーライターだから話も合う。〝おじさん〟の気分は悪かろうはずがないが、これがまあ、よく飲む。

聞けば、子どもの頃から父親の酒の相手をさせられた。「男は会社の酒で鍛えられればいい。女は自分を守るため、早く飲み方を覚えなければいけない」というのが持論で、ドンドン飲まされたという。ウーン、いい教育を受けたもんだ。

銀座の、どんな店でも自然体でスイスイやる。飲みっぷりに見とれているうち、誰かが「彼女と飲むとたいていの男は潰《つぶ》される」と言っていたのをハッと思い出し、ほうほうの体で退散した。

自称、〝酔っぱライター〟の江口まゆみさんも三十代らしい。やはり父親の膝の上でビールなどを飲み始め、高校で天文部の観測そっちのけの大酒盛り、大学でコンパの常連、「立派な酒飲みに成長した」という。

酒師、ビアテイスターでもある江口さんは、東南アジアや南米アフリカで地酒を味わってきた。心細い思い

もしたが、「今度こそこの世で一番うまい酒に出会えるかもしれない」と駆り立てられるのだから、本当に好きなんだ。そんな著者による〝国内版・飲み倒れの旅〟――。

ホッピーやホイスなどの「日本にしかない酒」を味わうかと思うと、ウイスキーのブレンダー、ビールのドラフトマスターに挑戦する。秋田の復刻酒、山形の粕取焼酎、鹿児島の古式蒸留法の焼酎、石垣島の手造り泡盛を「クーッ、うまい」なんて堪能し、「これぞ日本の国酒」とお墨付きを与えたりする。

明治時代、浅草・神谷バーの初代が開発した電気ブランは今、合同酒精で造られているそうだ。僕もよく行くが、この洋風居酒屋でレトロな味をなめていると、不思議に心が落ち着く。隣り合わせたご老体が電気ブラン二杯でご機嫌になり、「毎日、これが定量なんだよ」と言うのを聞き、こんな飲み手になりたいと思った。

本書で合同酒精の人が、神谷バーのある限り造り続けると言っているので安心した。体当たりの取材に相手も、つい〝企業秘密〟を打ち明けてしまう。「酒は心だよなあ」。東奔西走した江口さんは実感こめてそう言うが、取材もまた心なのだ。

酔っぱライターも、あのフリーライターものびのびと楽しんでいる。仕事も酒も。負けてるぞ、若い男たち!!

（文春文庫ＰＬＵＳ・４９５円）

第十三冊

『焼肉・キムチと日本人』　鄭大聲著

おいしいものは人を寛容にする

四半世紀以上も前のことになるが、在日の韓国人の事務所を訪ねて話が終わったら、「お昼を食べて行きなさい」と言われた。手作りの惣菜やご飯が詰まった弁当、それにキムチだったのでうれしかった。

ありがたくご馳走になり、ハクサイやダイコンのキムチの旨さにびっくりした。辛《から》さにコクとふくらみがある。「おいしいでしょ。大きな瓶《かめ》に一杯漬けるからね」と言う相手の表情は、オモニのようだった。

それから数年後、初めてソウルに行く機会があった。この本にも写真が載っているが、郊外の民俗村を見学した折、キムチ小屋のそばに山と積み上げられた瓶に、旨さの秘訣を見る思いがした。

国内で生産される漬物の中で、今ではキムチが断然トップだというから驚く。本書によると、二〇〇〇（平成十二）年の総生産量約百十八万トンのうち、キムチが三十二万トン。この十年、漬物総生産量はほぼ横ばいだが、キムチだけは四倍に伸びたという。

トウガラシやニンニクなどの香辛料、それに何と言っても塩辛類が、うまみを深めているようだ。これらが醸し出す味わいが若い人たちに受け入れられる一方、たくあんのような伝統的漬物の生産量は、五位に落ち込んでいる。「キムチは『日本の食べもの』『日本の漬物』になってしまった」という。

食欲を刺激するキムチが、焼肉文化のなかった日本でブームを起こす陰の立役者になったと言う。BSE（牛海綿状脳症）問題で一時落ち込んだが、再び盛り上がりを見せており、こうした普及の過程で焼肉料理も日本化してきた。

日本的なタレの使い方への見方が面白い。本場の料理はタレを肉にもみ込む〝もみダレ方式〟だが、日本ではもみダレに漬けて焼いた肉であれ、生のまま焼いた肉であれ、〝つけダレ〟で冷ます効果を利用する。鄭大聲氏は、そこに生卵で冷まして食べるすき焼きの反映を見ている。

ああ、と思い出す。盛岡へ行くと必ず名物の冷麺を食べるが、岩手県はいい牛肉の産地であり、当然焼肉も注文する。僕の行く店では生卵につけて食べさせる。「あれこそ、焼肉とすき焼きの合体ではないか」。柔らかい肉の食べ方として、あれはあれでうまい。

大相撲ソウル場所の開催、日本語歌詞のCDの発売解禁……日韓の交流が様々の分野で広がりつつある。とはいえ、食文化の交流ほど日常的、かつ根源的なものはないと思う。おいしいものは、お互いを寛容にする。

（PHP新書・700円）

第十四冊

『蕎麦屋酒　ああ、「江戸前」の幸せ』　古川修著

近所のそば屋さんにも読ませたい

まだ日のあるうちにそば屋で飲む酒はいいものだ。それをよく知る著者の古川修氏が、「昔ながらの蕎麦と酒の楽しみ方は、神田の『まつや』に行くにかぎる」と書いている。「まつや」に通って三十年余、ファンとしてもうれしい評である。

今ほどこんでいなかったかなり前のこと、頭に手ぬぐいを乗せた客が、テレビの大相撲を見ながら一杯やっている。湯上がりの酒が実にうまそうで、こちらもつい「お酒を」。地元の常連らしく、お目当ての一番が終わったら、もりをたぐってサッと引き上げていった。いかにも、下町のそば屋に似つかわしい光景であった。

かつて連雀町と呼ばれた界隈には洋食、鳥鍋、甘み、コーヒーのいい構えの店が残っている。老舗中の老舗、「かんだやぶそば」もある。こういう食文化の集積する土地柄のそば屋にいると、「蕎麦屋で酒を飲むということは、日本の歴史、伝統を飲んでいることになり、旨くて当然なのである」という言葉が、胸にストンと落ちる。

もっと具体的に、そば屋の酒のうまさは、「酒肴、蕎麦、酒」の三位一体の相性にあると言う。手順のよさ、簡潔さが身上であり、そこに居酒屋で飲む酒との違いを見ている。

本書の利点は、「蕎麦屋酒を愉しめる蕎麦屋ガイド」に一章割いたことだろう。お勧めの店を五つに分類し、「まつや」を含む〈江戸前正統派第一世代〉から始まるが、〈一茶庵片倉康雄の直弟子〉と、その〈セカンドジェネレーション〉に読みごたえがある。

今では砂場、藪、更科に続く老舗の「一茶庵」の創業者・故片倉康雄は、機械打ち全盛の時代に創意と工夫で独自の手打ち技法を完成させた。その情熱が直弟子や次世代に引き継がれ、さらに技術の進化をもたらしたことを知ると、パイオニアという存在の偉さがわかる。

そばっ喰いとして懐が深いというか、多彩な料理を提供する〈ニューウェイブ〉や発展途上の〈新進気鋭〉の店も応援している。これだけ広く取り上げながら眼力に狂いを感じさせないのは、古川さんが自分でそばを栽培して打ち、汁もつくる実践派ということもあるが、そば屋らしい清らかさ、節度を求める志が根底にあるからだろう。

それにしても、町場のそば屋がもうちょっと何とかならないものか。毎日のようにそばを食べる身としては、ほどほどにうまいそば屋も大事なのだ。うちの近所のそば屋のおやじさんも、この本を読んで少し勉強してくれるといいのだが。

（光文社新書・720円）

第十五冊

『ザマミロ！　農は永遠なりだ』　山下惣一著

芋煮会で地産地消のゆたかさを知る

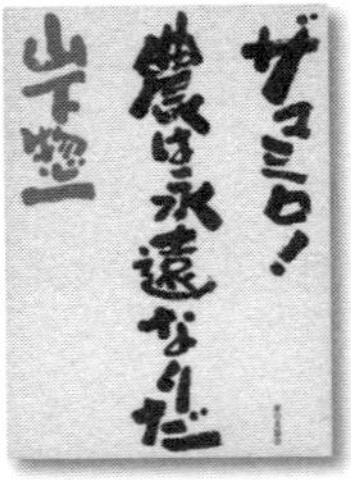

ＢＳＥ（牛海綿状脳症）がもたらした牛丼騒動について触れた回で「事の本質は世界一の食糧輸入国だということではないか」と書いたが、本書を開いてその感をいっそう深くした。ＢＳＥ、鳥インフルエンザ、コイヘルペス、口蹄疫……食の闇の不気味さを指摘する山下惣一氏が、「病根は農業の工業化、自然の摂理を超えた効率追及にある」と断じている。

農民作家の著者は、佐賀から活発な発言を続けている。今まで読んだ本の中の一人称は私や僕だったが、この度は「オレ」。農業の価値を知らない学者や役人たちにかみつくにはピッタリだ。大事な農業を、何としても守ろうとする気概にあふれている。

「（ＧＤＰ比率一％強でしかない農業は）もはや国民経済全体から見るとさほど大きな問題ではない」と説く大学教授への反論が痛快だ。「一面しか見ていない」。国土保全、水資源涵養、景観保持――農業の多面的機能の評価は、八兆二千億円にも上るという。

口蹄疫が発生した時に輸入稲わらが原因と見られ、稲わら自給百％運動が始まった。「減反して稲わら自給とはこれいかに？」。農政の矛盾を突き、現場の人ゆえの具体性がある。

農業の本質は成長ではなく、循環にあると力説する。そうか、根本を忘れ、〝飽食の都・トーキョー〟で出所不明の怪しいものを食べまくっているうち、命を危うくする事態に陥っているのか。

山びこ学校育ちで山形から発言する佐藤藤三郎氏は、かつて山下さんに「うまいものは全部東京に集まっている」と言ったが、最近は「田舎の暮らしの方が豊かになったなあ。あらゆる面で都会は貧しい」と言っているそうだ。その山形の名物、実りの秋の芋煮会に参加して、地に足のついた楽しみぶりを知ると、確かにそんな気もする。地方の空洞化が言われているが、河原で大鍋を囲んで交歓する人々の姿からは、そんな十把一からげの表現でわからない豊かな暮らしぶりが伝わってきた。

里芋と牛肉、コンニャク、キノコ、ネギ、ゴボウ、麩のうま味と醤油味が一つに溶け合った芋煮鍋に舌鼓を打つ。地酒をグイッ。東京のくだもの屋で見かける体裁はないが、ナシやブドウ、リンゴの健康な味もいい。「うーん、ホントに旨いものを食ってるナ」とうらやましくなった。どれもこれも、出所が確かなのだ。

「地産地消」。地元農産物の地元消費を基本に、交流型農業を広げて行こうとする山下さんの提言は心強い。美味も健康も地域の活性化も、それなくしてはないのだ。


（家の光協会・1300円）

第十六冊

『こぐれひでこの発見！　郷土食』
市場の食堂とは目のつけどころがいい

こぐれひでこ著

小田原へ遊びに行くようになって、もう三十回も数えるだろうか。小田急のロマンスカーで一時間余、日帰りながらちょっと日常を離れた旅の気分を味わう。

小田原城を抜け、早川の漁港で潮風に吹かれ、かまぼこ屋や干物屋が並ぶ海岸沿いの通りをぶらぶら駅の方へ戻り、街道に面した料理屋に立ち寄る。網元直営という大きな構えの店は、とれたての相模湾の魚が身上。刺し身も天ぷらも天丼もいいが、活アジの寿司が旨い。ピッカピカに光っている。

磨き込まれたテーブルの席に座り、さて、何にするか。その日は迷った揚げ句、天ぷらでビール、やわらかい蒸しアワビの肝あえで日本酒をやり、おもむろに活アジの寿司を頼んだら、「売り切れました」。家人に「だらだら飲んでいるからよ」と言われ、ガックリきた。

「このままじゃ物足りない」と思った時、ひらめいたのが小田原名物の一つ、「小鯵の押壽司」。駅の売店で求め、車中、「これはこれで旨い」と負け惜しみを言いながら仕上げをしたのだった。

イラストレーターで文章も書くこぐれひでこさんが、地元の料理研究家を訪ね、「小田原の鰺料理」を試食している。鰺の干物とゴボウの煮物、干物の炊き込みご飯、鰺のつみれの甘辛煮……。干物は焼いて食べるとばかり思い込んでいたが、「旨みを増した鰺の干物からは何とも力強い美味しい料理が生まれる」そうだ。

一泊したこぐれさんは翌早朝、魚市場の食堂でぶりの照り焼き定食と鰺のつみれ汁を味わっている。食のプロたちが出入りする市場の食堂は穴場だ。目のつけどころがいい。

北海道・奥尻島の三平汁から沖縄のラフテーまで、全国五十か所で郷土食を確認したり発掘したりしている。大館のきりたんぽ、金沢の治部煮、岡山のばらずし、土佐清水の鰹料理、阿蘇の馬肉料理……僕が現地で味わったのは十指を数える程度だが、読者がそれぞれ胸に描く郷土食は数限りないだろう。

味までも、画一的な東京化が進んではつまらない。郷土食の継承は、地域の文化を伝えることでもある。

「信州のおやき」も載っている。このおやつみたいな食べ物が、長野を代表する郷土食なのかなあと思っていたら、息子が信州大学に学んでいるご近所からおやきが届いた。なんと、間のいいことよ。どれ、と一つ。かみしめるうち、野菜たっぷりの滋味がじんわり伝わってきて、こぐれさんが選んだ訳がわかった。素朴で深い味わいにただうなずく。

（ＮＨＫ出版・１６００円）

第十七冊

『男たちの食宴』　石川次郎著

林家正蔵の出発点は天丼にあったのか

正蔵の大名跡を継ぐ前、林家こぶ平の噺を聞いてうなる思いをしたことがある。銀座に誕生した新企画、ホール落語の第一回目。「小朝とサラブレッドたち」に出た小米朝、花緑ら二世、三世の出来もよかったが、トリのこぶ平がまた素晴らしかった。

「景清」を本格的な人情噺として演じ、凄みさえ伝わってきた。芸人が、大化けする場に立ち会っている気がしてゾクゾクした。師匠を幼い頃から知るご婦人が、打ち上げのパーティーで「あのこぶ平ちゃんがね」と涙ぐんでいる。周りから「おめでとう」と声をかけられて、本人の表情にも安堵の色が浮かぶ。ひそかに期するものがあったのだろう。

〝爆笑王・三平〟の七光りでタレント的活動を続けるのかと思っていたが、この人には「志」があったのだ。本書を読んで、その原点がよくわかった。

十五歳、浅草で祖母と天丼を食べていた。「落語家になっておくれでないかい」。相手の箸《はし》が止まって、「なってほしい」。「私はね、もう年をとっているから、お前の真打ち姿っていうのは、もう見られないかもしれない。

でも希望だけは持たしておくれ。（略）一生懸命落語家になって、後を継いでもらいたい」と迫ってくる。いつも「旨いなぁ」と思う天丼の味が最後までわからなかった少年は、「食べ終わった祖母が、丼のふたをしめたときに『俺は落語家になろう』って、なにか自然に思いました」。おばあちゃんの迫力も凄いが、その気持ちを十五の年でしっかり受け止めた師匠もえらい。

本書は、石川次郎氏が知名人を招き、各氏の思い出の食べ物について語らせた対談仕立て。一流の料理人が供する、ゲストに似合った料理を味わいながら人生を語らう。

横尾忠則、黒鉄ヒロシ、安西水丸……それぞれ面白いが、その中でも立木義浩氏が人間・開高健を語るシーンから伝わってくる哀惜の念がいい。それでも、こぶ平師匠の〝天丼噺〟がすべてをさらっている。

かつ丼や親子丼、玉子丼でなく、真剣勝負の場に天丼というのがいいんだなあ。天ぷら屋でなく、そば屋の天丼というのも似つかわしい。丼からしっぽがヌッとはみ出た天丼をはさみ、祖母と少年が対峙している。師匠が浅草・尾張屋の天丼を勧める訳がわかった。

この店で、僕も何度か天丼を食べた。東京の下町の味。大きな海老の衣に天つゆがよくからんでうまい。確かにうまいが、この味がしみた師匠の「景清」も、抜群にうまかった。

（ソニー・マガジンズ　1500円）

第十八冊

『森茉莉　贅沢貧乏暮らし』　神野薫著

鷗外に溺愛された幸せの時代の残照

今はなくなってしまったが、世田谷の私鉄沿線の駅のすぐそばに近所の常連たちが集う小さなサロンみたいな酒場があった。ちょっとレトロな趣の。行くと誰かに会えるのでつい立ち寄ると、はにかみ屋の葉子先生こと、萩原葉子さんもそこではくつろいで談論風発していた。

その葉子先生が、森茉莉をお連れすることがあったという。鷗外と朔太郎の娘、ともに大きな名を負う物書きの二人は気の合う面があったのだろう。『父の帽子』『贅沢貧乏』の名著で知る鷗外の娘はどんな人か。怖いような、楽しみような気がしたが、残念ながらその場面には居合わせずに終わった。

本書を読んで、二〇〇三年の去年は「森茉莉生誕百年」だったことを知った。小津安次郎、山本周五郎、棟方志功、林扶美子……錚々たる顔ぶれの記念の年でもあり、それぞれ話題になったが、そんな風に騒がれなかったところが、好きなように生きた森茉莉らしい。

彼女の文才を認めた室生犀星は、その文章の中の料理は「茉莉の思想」と言ったそうだ。この本の著者、神野薫氏は「その食を反芻して味わいたいために、茉莉の愛した料理を再現できないか」と思ったという。

瀕死《ひんし》の病から蘇生した幼い時に口にした牛肉たたきのソテーを乗せた玉ネギ入りお粥「にゅうとねい」、ことこと煮込んだシチュウ、カイゼル二世が自らつくった野戦料理のロシアサラダ、具はタケノコだけの「冷えた筍飯」……。少し高踏的な家庭料理を再現した写真とレシピを見ると、思想というよりは、「お茉莉は上等、お茉莉は上等」と溺愛した文豪、〝パッパ〟によってもたらされた幸せな時代の残照のように思えてくる。

週刊誌連載の辛辣、かつ愉快な人気コラム「ドッキリチャンネル」に見られたように不思議な感覚の持ち主であった。ある日、テレビを見ていてマリリン・モンローが遊びに来てくれたら「二人で腹ばいに寝ころんで、チョコレートを食べたい」と思う。きっと気持ちが通じたことだろう。どちらも、〝M・M〟だもの。

本書の中に森茉莉が鮪《まぐろ》と平目のぬたをつくり、入院している「葉子」を見舞う場面も出てくる。酒場で会った折に葉子先生に「おいしかったんですか」と聞くと、「ウ、フフ」と笑いながら「普通においしかったわよ」。「でもね、あの茉莉さんがつくって持って来てくれたと思うと、気持ちがうれしくって」と言って、なつかしそうにまた「ウ、フフ」と笑った。

この春、花見がてら森茉莉が住んだ世田谷・代沢界隈の緑道を歩いた。「さて、コーヒーでも飲もうかしら」。いくつになっても童女のような人も、そう思いながら、この花吹雪の道を歩いたのだろう。

（阪急コミュニケーションズ・2200円）

第十九冊

『ラーメンのある町へ！』　小野員裕著

青森のラーメンは水準が高い

生まれ故郷の味はなつかしく、例えラーメンであってもそうだ。ひそかに、青森はラーメンの水準が高いと思ってきた。

ある時、青森へ赴任していた友人が東京へ戻って来たので「どうだ、魚がよかっただろ」と聞いたら、「うん」とうなずき、それから「青森はラーメンがうまい」。新発見でもしたような断固たる口調に、我が意を得た思いだった。十三の土地を巡った〝ラーメン紀行〟の本書にも堂々のトリというか、最後に「津軽」の章があったので一層うれしくなった。

「さすらいのラーメン・イーター」を自称する小野員裕氏、「サトー」ことカメラマン、編集者らしい「同行者」の三人組が、軽いノリで真冬の津軽へ乗り込み、青森、弘前、十三湖などを食べ歩く。「世界一」とラーメン店の同業者が評する浪岡町の店で、「ああ、いいスープだ。津軽伝統の焼き干しの香り、ロースの焼豚に定番のお麩《ふ》」と納得する。

そう、青森のラーメンは地元産焼き干しをベースにしたスープに特徴がある。あっさり味のスープをたっぷり含んだ、よそでは珍しい麩をかみしめると、「ジュワッ」と口中に旨味が広がってくる。胃にやさしい。

それにしても、津軽行の初日にラーメン四食とは。冒頭の「博多」でも豚骨ベース、濃厚スープの九州系ラーメンを一日三回は味わっている。今はどの店も、味が鈍ればインターネット上で批判され、新作の味がいいとすぐ行列ができる時代。札幌から鹿児島まで、会津若松や京都、徳島などを挟んだ取材行でも、ガイド本持参の旅人が「うん、うん」うなずきながら食べる姿に出会ったりしている。ラーメン評を書く小野さんとしても、うかうかできない。三十歳、独身の「サトー」を狂言回しにして、各地で美女たちと出会う場面がやたら出てくるが、あれも情報収集の一環だったのか。

博多を食べ回って、同じ福岡県でも久留米ラーメンの方がしっくりくるという「同行者」の感想には同感。僕も有明海の幸を堪能してからラーメンで仕上げ、幸せな気分になった覚えがある。「久留米でグルメ」――。それでも、郷里のさっぱり系の味が恋しくなる。

青森は、下北地方も旨い。恐山観光の拠点、むつ市の「福士食堂」は醤油味もそうだが、塩ラーメンが絶品。澄んだスープはあっさりして、そこはかとないコクもある。ひいき目ながら、「日本一」と推したくなる。

高校時代にラーメンの虜《とりこ》になり、北海道から九州まで食べ歩いて勉強した実直な主《あるじ》は、「ラーメンも、結局は土地の味なんだヨ。ここの煮干しを生かして、お客さんがまた食べに来たくなるようなラーメンをつくるだけなのサ」という。この道も奥が深いのだ。

（新潮社・1300円）

第二十冊

『食語のひととき』　早川文代著

「ぬるい」のがおいしい

かりん、塩大福、八つ目うなぎ……。とげぬき地蔵のある東京・巣鴨の商店街は、お年寄りの好みそうな品物を揃えている。もんぺみたいなスラックスみたいな、モンスラなんてのもある。〝おばあちゃんの原宿〟と言われるゆえんである。

そのにぎわいを楽しんだ後、「亀井寿司」の暖簾《のれん》をくぐる。この街にふさわしい〝情の人〟であった先代の姿はもうないが、その気風は受け継がれ、すこぶる居心地がいい。ほどほどの味と値段を守っている。

「田村フルーツ」では走りの枇杷《びわ》を買ったりした。すし屋の常連でもある店主とは同年のせいもあり、言いたいことを言い合う。「お代なんかいいよ」と言うのを押し付けるように払い、電車で帰ってから〝食後のひととき〟を味わう。枇杷の汁をタラタラしたたらせながら食べる時、「初物七十五日」を一番よく実感する。

『食語のひととき』でも夏の章の冒頭、「みずみずしい」の項に枇杷が出てくる。「初夏になると出回る美しいオレンジ色の軟らかな果肉とたっぷりの果汁。みずみずしいビワを口に含むと、蒸し暑かった一日の疲れもどこかへふき飛んでしまう」。そうか、寿命が延びる気がするのは、清涼感のある甘みのせいであったのか。

本書はおいしさを表す百二十の言葉を集めたエッセイ集。ふっくら、しっとり、たわわ、もちもち、とろり……味覚を表現する日本語は、こんなにも豊かだったのか。つい、「うまい」「おいしい」の類で片付けようとする自分を反省する。

深みのある味に「コクがある」なんて、わかった振りをしがちだが、調理科学・官能評価学の専門家の著者によると、コクは油脂や糖、ニンニク中の成分、アルコール分などから生まれる。「コクは単一の味によるものではなく、ベースになる味に何かがバランスよく含まれていることである」という説明にうなずく。

完成度の高い味をほめる時に使う京言葉、「まったり」の転用が広がっているという。そう言えば、新聞の読者欄に受験生の母親からこんな投書があった。息子の「今学期の目標」は、「まったり過ごす」。気分はよくわかるので大笑いしたが、こうして言葉は別な意味を持っていくのだろう。

「ぬるい」。この表現、好きだなあ。本書によると、「熱いものは熱く、冷たいものは冷たく」が料理を供する鉄則だが、玉露、日本酒、ミルクはぬるいのがおいしいという。酒は確かにそうだ。

巣鴨のすし屋でも、ぬる燗で一杯やる。じんわりと染みてきて、身も心もほぐれる。「初物七十五日」——。枇杷も出回って来たことだし、久しぶりに顔をだそうか。そう、とげぬき地蔵のご利益には延命もあった。

（毎日新聞社・1400円）

第二十一冊

『食いものの恨み』　島田雅彦著

モツ刺しがうまい時は元気なのだ

「思い出横丁」なんてロマンチックな看板を掲げてはいるが、誰もそう言わない。新宿駅西口の〝小便横丁〟。もうもうと煙が立ちこめる狭い通りに並ぶ店で、もつ焼きの串を手に顔をテカテカさせたおじさんたちが盛んにやっている。

焼け跡時代の面影を残した通りには実質本位の定食屋もあり、最近は若い人や外国人も多い。この日は後の予定があるので煮込みを一つ、串焼きを三本、焼酎一杯で席を立ったら、立ち食いのそば屋で外国人の女性五人がまだ陣取っている。店の人はどう言ったらいいかわからない様子だが、天ぷらそばでも三百二十円、速い回転で勝負する店での長居は困るだろうなあ。

横丁でいつもこんでいるのが、本書にある「笹もと」。作曲家の三枝成彰氏に連れられ、臓物の大鍋を前にした島田雅彦氏は困惑の様子だ。病みつきになるほどうまいのに気鋭の小説家は、意外にも「串刺しのモツのあいだからとろとろに煮込まれた人の頭が浮かんできそうで怖い」という。モツの刺し身もいいのに風邪で食欲なく、作曲家に「腰抜け」とののしられる始末だが、「(スタミナ食には)適度に元気でなければならない」という説には一理ある。逆に言うと、モツ刺しに食欲がわく時は体調よく、スタミナ食なんて必要ないのだ。

「すみませんね。腰抜けで」と梅割り焼酎三杯飲んだら、腰が抜けたそうだが、ホントにそう。僕の場合、足にきて大鍋に呑み込まれる気がして、その方が「怖い」。

〝舌の冒険〟と銘打つ本書で、島田さんは「よく食うには二つの意味があって、一つは大食いであること、今一つはもっとましな食い方をすることである」と言うが、実にまあ、その通りだ。ふぐ、あんこう、すっぽん、カニ……。「顎《あご》を堕落させる感じ」の最高級の肉をレアで味わったりする一方、学生食堂やコンビニの新製品への好奇心も失わない。時々、断食まがいで舌と胃の手入れをするのがエライ。

冬のカワハギ釣りに東京湾の浦賀へ。腹から取り出したばかりの肝をわさび醤油で食べる。一流どこの料亭やすし屋もかなわない味だろう。「さる食通は、地球上に数多ある食物の中で、もっとも美味いのはカワハギの肝である、とまでいう」と書いているが、ずばり『カワハギの肝』と題したエッセイ集（光文社文庫）がある。渥美半島に生きた杉浦明平が「魚の肝の中で一ばん味のいいのは、カワハギの肝」と言っていた。

行動派の島田さんはカワハギの肝ばかりか、野菜を栽培し料理をする点でも土着派の先輩作家と共通性がある。現代ライフを享受しつつ、農耕や狩猟への憧れがあるようだ。エッセイもいいが、新しい味覚の宇宙を発見する小説も読みたいなあ。

（講談社・１５００円）

第二十二冊

『映画を食べる』　池波正太郎著

一尾のイサキと冷や酒で自分を洗う

映画を見て銀ぶらをして買い物をし、それから行きつけの店で酒肴を味わう。執筆の合間を楽しむリズムの心地よさに、『池波正太郎の銀座日記』(新潮文庫)は繰り返し読んでいるが、『映画を食べる』はその姉妹編のようだ。批評と日記から成るこの本は、映画と味覚の話が一体となっている。

あれだけ小説や随筆を書きながら、よくまあ、こんなに映画を見たものだと感じ入るが、圧巻はフェレーリ監督の「最後の晩餐」についての生々しい描写だろう。

歓楽の果てに生きることに飽いた、初老にさしかかった男ども四人が、最後に食欲と性欲の饗宴の限りを尽くして死ぬ。絢爛《けんらん》たる料理と底知れぬ食欲、その結果の排泄、豊満な肉体への耽溺……すさまじい快楽シーンの連続が話題になったが、紹介する小説家の鑑賞力と筆の冴えが、人生の深淵を感じさせる。

その池波正太郎も、この映画を見終わった時には、「どこかで夕飯にしようとおもったが、さすがにゲンナリとしてしまい、ふらふらと帰宅」したという。

それから食事の度に映画のシーンを思い出す。とうとうある日、よいイサキを買って来て、半身を自分で刺し身にする。「夕飯には、他に何もいらず、茶わん酒で冷酒を三杯」。残る半身は、翌日塩焼きにしたという。そうやって、映画の饗宴から受けた衝撃の余燼《よじん》を洗う。「最後の晩餐」に対抗するのに、一尾の魚とはお見事。いかにも、「鬼平犯科帳」の小説家らしい作法である。

確かに、生きのいいイサキの味はこたえられない。先夜、主《あるじ》ひとりの小さな料理屋で、「どうです」と出されたイサキはみっしり肉のついた旨さが素晴らしかった。脂が乗り始めたカツオのたたき、こりこりしたアワビの刺し身と肝、こってりしたキンメの煮つけなどを堪能した後だったのに、なんなく食べ尽くす。満足感の方が大きかったが、「ちょっとぜいたくし過ぎかな」という気が頭をかすめた。

あの充実したイサキは、あれ一尾で済ますものだったかもしれない。塩焼きの半身で酒を飲み、半身はほぐしてお茶漬けで仕上げる。旨いからといって、いつも食べたいだけ食べ、飲みたいだけ飲んでは、舌も胃も心も飽いてしまう。映画の四人ほどでないにしても。池波流のシンプルな味わい方にそう思わされた。

自分の流儀で日々を十分過ぎるほど楽しんだかに見える時代小説家の根底にあったのは、節度というものだろう。随所に、欲望むきだしの現代人への厳しい視線を感じる。健在なら八十歳ぐらいか。まだファンのために書いていてもおかしくないが、年少の頃から世間に出て酸いも甘いもかみ分けて、六十七歳でサッサと逝ったのも池波一流のダンディズムのような気がしてくる。

（河出文庫・７６０円）

第二十三冊

『日本縦断　徒歩の旅―65歳の挑戦―』　石川文洋著

酒食の原点はいい汗にあり

　六十歳になってしまった。還暦。♪ことし　六十のおじいさん……。昔だったら、そんな風に歌われた年齢になったのだ。「今の時代は、六十五歳でもまだ早いよな」と自分に言い聞かせていることに気づいて、複雑な気分になる。その六十五歳を機に石川文洋氏は、宗谷岬から故郷の那覇まで三千三百キロ、日本海沿いを百五十日かけて歩き通した。

　ベトナム戦争報道で知られた戦場カメラマンが少年の日の夢を実現した「挑戦」の記は、実に自然体。各地で旧交を温め、新しい出会いを楽しむ。カンボジアに散った同業の一ノ瀬泰三の実家を訪ねたりして巡礼の趣もあるが、随所に社会派らしい観察眼が光る。

　歩行者への配慮のない道路や何でもポイ捨ての現実、郊外大型店へ走りながら地域商店街の空洞化を嘆く矛盾を身をもって報告する。パチンコ店の隆盛にも首をかしげる。確かにそうだ。どこでも、一等地はパチンコ店。それと、消費者金融が並ぶ光景は、やはり異様である。

　リュックを背負って歩いていると、子どもたちが声をかけてくる。日本縦断歩き旅と知ると、びっくりして次々

質問してくる。それに答えながら石川さんは、小・中学生の生き生きした好奇心に希望を感じているようだ。ただ歩く。一文にもならないことに汗を流す姿に、実は大人たちも感動したがっているのだ。浜辺でウニやホタテを供され、行商の人から「水がわりに」とスイカを差し出され、民宿の朝食では「頑張って」と栗ご飯を炊いてもらう。行く先々の反応にそれがあらわれているが、徒歩の旅は、飲食の旅の面もある。

一泊二食で七千円程度の旅館や民宿に泊まり、〝日本海の幸〟に健啖ぶりを発揮する。酒がお好きらしいなと感じていたら、やはり「酒は人生の友と考えている」。「旅先で飲む酒が旨い。それも昼間のビールがいい」とも記している。

戦場を生き抜いたジャーナリストは、今回は昼酒をやらない。車への警戒心がゆるみ、時間をロスし、宿のビールの楽しみがなくなるからだという。自制しつつ、「しかし、残念だった」という本音がほほえましい。

南アルプスの北岳から下山して飲んだビールの味が忘れられない石川さんは、「徒歩の旅では毎日、北岳の時のビールを飲んでいるような気持ちだった」。いや、うらやましい。いい汗をかき、一日の終わりにいい酒を飲む。そこに酒食の原点がある。次の活動の推進力でもある。昨日と今日の境目がわからない酒をぐずぐず飲んでいるわが身を、つい省みる。

北から南へ歩くことを通じ、列島の現状を見事に照らし出した。六十歳、うろたえていられないゾ。

（岩波新書・７００円）

第二十四冊

『美味放浪記』　壇一雄著

見知らぬ人々に溶け込んで杯を重ねる

たまには新刊じゃない本も取り上げよう。文庫の改版を機に、内外のあちこちを食べ歩いた壇一雄の名著を読み直す。

「そこらの町角をほっついて、なるべく人だかりしているような店先に走り込み、なるべく人様が喜んで喰べているような皿を註文し、焼酎でも泡盛でも何でもよろしい、手っとり早くつぎ入れてくれるコップ酒をあおるのが慣わしだ」

そういう流儀からすると、一番いい立喰屋、立飲屋があるのは「スペイン」だという。

オリーブ油を張った鍋にニンニクと唐辛子を丸ごと入れ、ウナギの子をほうり込む。「バタバタ躍る。とたんに火を止めて、木製のフォークで突っついて喰べる」というくだりを読んで、三十数年も前の我がスペイン行を思い出した。

マドリードからトレドへ、駅前の店に飛び込んだら店の人たちは遅い昼食中だった。賄《まかな》い方の食事だろうが、パンに何か載せて旨そうだ。よほど欲しそうに見えたのか、手招きされ一緒のテーブルにつく。パンの上のシラスは、ウナギの子か。「アンギラス？・」。うろ覚えの単語を発すると、顔をほころばせて大きくうなずいた。

アンギラスの感触を楽しみ、勧められるまま白ワインで口中のオリーブ油を洗う。こういう時はただ喜んで堪能すればいいのだ。思いがけないご馳走に預かり、すっかりいい気持ちになり、ふらふら外へ歩み出した。

広場の真ん中に積み上げた荷物を、アメリカの女の子が見張っている。七、八人が宿探しから戻って、一番安い所に決まる。なんと、日本円にして六百円。ヤンキーガールの一連隊にくっついて同じ宿へ。イベリア半島を回ってきた彼女らによると、「ポルトガルはもっと安い。それに素朴だ」そうだ。

そのポルトガルの浜辺で、火宅の人・壇一雄は暮らした。歌声や手拍子があふれるスペインの居酒屋に比べ、ポルトガルは静かだという。フラメンコとファドの違いか。毎晩愉快にやるにはスペイン、放浪の果ての隠れ家にはポルトガルがよかったのかもしれない。

国内篇では「幼少年の日の、飲食の思い出がしみついた柳川、久留米界隈」の描写が生き生きしている。自ら包丁を持つ小説家は、有明海の魚介類をふんだんに使ってパエリアをつくり、地元の人を驚かせたという。

二年前、やはり柳川から久留米に遊んだ僕らは、スペイン料理の店を見つけた。当然、パエリア。〝有明海の幸〟に黄色のサフランライス……鍋の中が、スペインのお祭り広場のように華やいでいた。今でも、仲間に「あの時は鍋を抱えて離さなかったよな」とからかわれる。それほど、充実した内容であった。土地の食材を生かし切る〝壇流クッキング〟の精神が、伝わっているのだろうか。

（中公文庫ＢＩＢＬＩＯ・８９５円）

第二十五冊

『超こだわりの店　乱れ食い』　伊丹由宇著

「勉強王」の店へ、〝チンチン電車〟で出かける

いや、参った、伊丹由宇氏には。食べ物の店の本を読むと、有名店ばかりで「またか」と思うことがあるが、本書は圧倒的に知らない店が多い。二千軒から厳選した百一軒。隠れた名店を探そうと、例えば、「月島を取材して〝もんじゃ焼〟を取り上げるようならこのコラムもおしまい」と言う。「史上最強の食コラムを目指す」自負の表れなのだろう。

東京・三軒茶屋駅―下高井戸駅間を走る路面電車みたいな世田谷線沿線に暮らして通算四十年以上になる。それなのに、本書が推す世田谷区内七店のうち行ったのは、手作りのパン屋だけ。いや、世田谷駅下車、「徒歩十秒」の「酒の高橋」の名には覚えがある。ここが最寄り駅のマンションに十年住んだ時期の記憶だが、入ったことはない。灯台下暗し。家人と、下高井戸駅からチンチン電車に乗って出かけた。

夕方、もうワイワイやっている。小あがりのテーブル一卓しか空いておらず、ためらっていたら「いいのよ。どうぞ」。料理をしながら、そう言ってくれたのがおかみさん、絶妙の呼吸でクルクル動いているのが義理の妹さんだと後で知った。

お通しには珍しいハンバーグの家庭的な味と量は、これだけで食事ができそう。枝豆二、ポテトサラダ、もずく酢、黄ニラと海老炒め、焼きビーフン各一、ビールや焼酎を飲んでたった四千二百五十円。抜群の味に感激していると、「お近づきに」と出た水ナスの浅漬け、これが旨い。「毎日こんなのを食べたいな」と言ったら、家人に「あら、毎晩来たっていいのよ」とかわされた。

サラリーマンや商店主もいれば、手酌を楽しんでいる女性もいる。若者が一人、ハンバーグと山盛りの肉野菜炒めで丼飯をかきこんでいる。「ご飯もあるの」と聞くと、「学生さん、特別よ」。食前に若者が深々と一礼したのは、感謝の気持ちからだろうか。常連たちの醸《かも》す空気は濃密だが、初めてでも気楽な風通しのよさがある。

すっかり気に入って、翌日も行った。お通しはサバみそ煮。刺し身四品のうちマグロは変わらないが、他の三品が同じでないのはエライ。五、六人の仲間と来ていた一人が、ご機嫌の様子で「ママさんのファンは拍手して」。カウンターの常連が、「おれもファンだけど、不安でもあるな」とボソリ。そう言えば、料理も値段も「勉強王」の精神でやってきたという主《あるじ》の姿が見えない。気がかりだが、新参者としては、まだ聞けない。通っているうち、お会いすることを心から願う。

列島各地から伊丹さんが選んだのは、こんな温もりのある店が多いのだろう。「酒の高橋」は、鍋ものが出色とある。真夏の今から楽しみだ。

（文春文庫ＰＬＵＳ・６１９円）

第二十六冊

『食の世界地図』　21世紀研究会編

シーザー・サラダ発祥の地でタコスに目覚める

この研究会のテーマ別地図シリーズには重宝しているが、今回は「食の世界地図」だという。食材や料理の起源から人類の歴史を説き、文化論にもなっている。食糧・食品をめぐる問題は、古くから国や地域を超えて波及し、世界情勢に大きな影響を与えてきた。

例えば、南米原産のジャガイモ。スペインによってヨーロッパに持ち込まれ、慢性飢餓から農民を救った。反面、この救荒食物に日常的に頼ったアイルランドでは立ち枯れ病から大飢饉を招き、その時のイングランドの冷たい対応に恨みを残した。ジャガイモ単作が、「北アイルランド問題」の遠因だという。アメリカのアイルランド系住民の大半は、この飢饉を逃れた移民の子孫であり、ジョン・F・ケネディの曽祖父もそうだった。

食糧問題はグローバル時代の今日の重要課題でもあるが、本書を読むと人類にとって「食べていける」ことが、いかに大変だったかがよくわかる。その一方、世界史に登場する王侯貴族、美食家、名シェフが贅《ぜい》の限りを尽くした料理の傑作をめぐるエピソードも興味深い。

ポンパドゥール、ナポレオン、ロッシーニ、大デュマ……料理やお菓子に名を残した人物は多いが、歴史

を溯《さかのぼ》ると「鱒《ます》のクレオパトラ風」なんかもある。とすると、「シーザー・サラダ」は古代ローマの英雄、カエサルに由来するのかと思ったらそうではなく、メキシコ・ティファナのレストラン生まれ。一九二四年のある日、突然の団体客にありったけの材料を混ぜて出したサラダが大好評。経営者の名を冠した「シーザー・サラダ」は名物になったという。

ティファナには四半世紀以上前、仕事でロサンゼエルスに長期滞在した折、遊びに出かけたことがある。サンディエゴの豪壮な住宅街を抜けてティファナに入り、国境地帯を挟んで隣り合う両市の貧富の差に驚いたが、祭りのような屋台のにぎわいには心が躍った。

シーザー・サラダに出会わなかったが、初めてタコスを食べた。ロスのアメリカ風料理や首を傾げたくなる日本食に飽いた胃袋には刺激的で、お代わりをした。帰りの車中、友人と「屋台のタコス三つ食べに、ティファナまで行ったんだな」と笑い合い、なぜか贅沢な気分になった。

東京のメキシコ料理店でも注文するが、ピンとこない。あれは、旅の思い出のスパイスが利いた特別の味だったのか。本書によると、トウガラシの利用に歴史のあるメキシコでは、何種類も合わせたサルサ（ソース）をつくる。どんな安食堂のタコスでも、使われるサルサは瓶詰とは風味が異なるそうだ。一味違うわけである。

今の日本ほど、世界中の料理が楽しめる所はない。猛暑の夏こそ、ピリッとタコス。どこか、いい店を探そう。

（文春新書・８９０円）

第二十七冊

『東京　五つ星の手みやげ』　岸朝子選

わが家で試してから、よそ様へ

醸造学の先生、千葉の漁業会社の社長というより大網元、日本橋の老舗の専務というより大番頭、歌人、編集者、新聞記者、それに僕。時折、そんな顔ぶれで酒席を楽しむ。浅草の牛鍋屋に集まった時、歌人が「早く着き過ぎてぶらぶらして買っちまったよ」と、舟和の芋ようかんを人数分持って現れた。浅草と目と鼻の先の川向こうの生まれ。気が利いている。さりげなさに、手みやげの神髄を見る思いがした。

こちらが贈って、相手に喜んでもらえた時もうれしい。手みやげには頭を悩ますが、本書はそんな時に役立つことだろう。魚久の粕漬け、鮒佐の佃煮もあるが、岸朝子さんが選んだ〝東京の手みやげ〟は、和洋の甘いものが多い。写真を眺めて名店の由来や目玉商品にまつわるエピソードを読むと、持参する手みやげについての知識が身につくようになっている。

空也のもなか、竹むらの揚げまんじゅう、梅むらの豆寒、うさぎやのどらやき、ウエストのドライケーキ、近江屋のアップルパイ……。九十七店の自慢の品を見ると、左党を自認しながら甘いものにも目がない自分に気づいて驚く。向島の「長命寺桜もち」もあった。これには重宝した。

もう三十年以上も前の警視庁詰めの事件記者時代、夜討ち朝駆けに明け暮れていた。刑事《でか》さんから情報を得ようと取材するのだが、実態は家庭訪問。「一家団欒《だんらん》の時にいつもお邪魔してすみません」という気持ちになる。

それを表したいが、相手は公務員。高いものはご法度、こちらの懐も許さない。常識の範囲内でと考えると、「将を射んと欲すれば」の伝で奥さんや娘さん向きの、甘いものということになる。「長命寺桜もち」は、断然評判がよかった。

ある夜、刑事さんの奥さんが、「お父さんも一つ戴《いただ》いたら」と勧める。酒飲みの沽券《こけん》にかかわるという顔をしていたのにひょいと桜もちに手をのばした。「こりゃ、悪くないな」。「そら、見なさい」と奥さん。そう、塩漬けの桜の葉を一枚ほど残して一緒に食べると、甘みと塩味が一緒になって酒の後にもいいものだ。

事件記者を卒業した頃、浅草のどぜう屋で仲間と昼酒を飲んだ。外へ出るとまだ明るい。「少し歩こう」と隅田川を渡ったら、そこは向島。桜もちを求め、「今夜はどこの店へ」と勇み立ったが、相棒は「悪いけど、真っすぐ帰るよ」。肩透かしを食った感じでいると、「あちこち桜もちは配ったけど、家に持って帰ったことは一度もなかったものなあ」という。随分ハードに仕事をし、またよく遊ぶ男だが、家庭は円満。そうか、秘訣はここにあったのか。

手みやげは、まずわが家へ。家族に好評だったら、よそ様へ持参しても喜ばれることだろう。

（東京書籍・1524円）

第二十八冊

『東京旅行記』　嵐山光三郎著

「時間をさかのぼる探検」に同伴する気分

少しずつ楽しもうと思いながら、一気に読んでしまった。嵐山光三郎氏ら仲間三人と、一緒に東京遊山をした気分。東は寅さんの故郷・柴又、西は嵐山さんの青春の地・吉祥寺や国立、その間に銀座や日比谷、築地、神田古書店街、新宿ゴールデン街も挟んでいる。

「東京旅行は時間をさかのぼる探検である」。変転する東京の街を取材をした一九九〇（平成二）年、すでに記憶の中に化した風景を発見したという。今度の文庫本になるまで十四年、東京はさらに変貌しており、各章に付記した再調査の結果も含め、街の思い出をたどる旅人の手引きになるだろう。

神楽坂や人形町、谷中の艶っぽさ、厚み、陰影に江戸の余韻を感じ、嵐山さんは「住んでみたいなあ」と思う。そういう土地柄だから、旨いものを出す店が多く、本書はその探訪記でもある。

例えば洋食。人形町・芳味亭、根岸・香味屋、神田須田町・松栄亭でなつかしい東京の味を堪能する。日の出桟橋から船旅を楽しんで浅草に上陸、まず吾妻橋のアサヒビヤホールで黒生をグイッ。それからヨシカミへ飛び込んだ一行は、勢いのある洋食に感激し、「いまどきのフランス料理なんてなんだ」と言いたくなったりする。

僕も、水上バスには日の出桟橋から何度か乗った。いつだったか、遊覧客に交じってダークスーツのビジネスエリート風が一人。ネクタイをゆるめ、缶ビールを飲んで、フーッと大きく息をついた。会社で大変なんだろうなあ、と同情する。船が浅草へ着くと雑踏の中に消えたが、ヨシカミでまた見かけた。ポークソテーにしろステーキにしろ、ここの洋食は炎の力で食わせる魅力があり、元気が出る。一人で料理とワインを味わっている姿に、こういう息抜きの仕方もあるのかと感心した覚えがある。

その頃、年に五、六十日は浅草で飲み食いしていた。観音堂裏のおでん屋や小料理屋、そば屋に出入りしたが、界隈は花街で芸者衆も見かける。三十七、八の姐さんと言葉を交わすようになり、おでん屋なんかで出会うとお酌をしてくれる。いい気分であった。

ある土曜日の夕方、吾妻橋のビアホールへ行ったら、その姐《ねえ》さんと、でっぷりした金持ち風のご老人が、親密に話し込んでいた。なんとなく間の悪さを覚え、あわてて離れた席へ。こちらは、まだ三十前の小僧っ子。「そうか、世の中って、こんな風にできているのか」。いや、勉強になった。

嵐山さんたちが黒生に喉《のど》を鳴らしたのは、金色の雲のようなオブジェを載せた名物ビルになってからの新しいビヤホールだが、僕が行ったのは、ちょっとレトロな、前時代のビヤホール。がらんとして、風通しがいい。あれも、記憶の中の風景になってしまった。

（光文社・６４８円）

第二十九冊

『正統の蕎麦屋』　「サライ」編集部編　撮影・文＝片山虎之介

そばの文化史まで究める

今は亡き、五代目柳家小さんが「時そば」の一席を終えてそば屋へ入ったら、そこに噺《はなし》を聞いたばかりの人たちが居合わせて師匠の方をジッと見ている。「喰《く》った気がしなくて弱っちまった」と語っているのを、何かで読んだ覚えがある。

とすると、東京・上野の鈴本演芸場に近い池之端の「藪蕎麦」か「蓮玉庵」ではなかろうか。どっちの店だったか忘れたが、実際に小さん師匠がそばをたぐっているのを見たことがある。その時は、こちらの視線はお構いなし、そばの方から唸《うな》りを生じて口の中に飛び込んでいくような、見事な食べっぷりだった。

この界隈には「上野藪そば」もある。上野駅に近く、比較的遅くまで開いている。まだ新幹線が走っていない時代、夜行の寝台列車で東北方面へ向かう折、ここでそばを食べながらちょっと飲んでおくと、ぐっすり眠れていい具合だった。

この三つを含め、本書は十五店を取り上げている。砂場、更科、藪系の代表的名店や手打ちの技にこだわった名人・片倉康雄が創業した一茶庵系の本店……。そばっ喰いの好みはいろいろだが、『正統の蕎麦屋』を十五に絞るとなると、大方はこの選択に異論がないだろう。個々の店の魅力を紹介しつつ大阪の砂場に始まり、江戸で花開いたそば文化の歴史をたどる仕組みにもなっている。

浅草の「並木藪蕎麦」も欠かせない存在だ。片山虎之助氏の撮影によるざるそばと板わさ、酒の写真は簡素を極めて美しいが、一日の役目を終え、拭き上げられて整頓された道具類は実に清らかだ。そば職人の仕事に対する誇りと真摯《しんし》な姿勢を感じる。

神田の辺りには「神田まつや」と「かんだやぶそば」がある。仲間うちでもまつや派とやぶ派に分かれるが、味、雰囲気とも甲乙つけがたい。店の造作は違うが、どちらも江戸情緒の芝居の風景の中にいるような気分にさせる人気店なので、ともかく席のとれる方に入ることにしている。

一度は入ろうと思いながら果たしていないが、ここに立ち喰いのそば屋がある。僕の記憶では、三十年も続いているのではないか。よくまあ、両雄に挟まれてと感心するが、この店なりの工夫があるのだろう。いくらそば好きでも、いつも有名店に通うわけにはいかないのだから立ち喰いも含め、町場のそば屋にも頑張ってほしい。

本書にはないが、その意味で上野駅浅草口そばの「翁庵」の気どらない感じが気に入っている。つけ汁に長めに切ったネギと揚げ玉を浮かべたネギせいろうが旨い。遠出して上野駅に戻ると、この店で一杯やるのが慣わしだったが、新幹線で東京駅に着くようになって足が遠のいてしまった。新そばの季節、久しぶりに東京風の濃い味を確かめに出かけようか。

（小学館・１２００円）

第三十冊

『「食道楽」の人　村井弦斎』　黒岩比佐子著

食育を説いた先見の明に脱帽！

仙台の向こうを張って七夕祭りで知られる神奈川県平塚市は、囲碁の町でもある。趙治勲や小林光一などの名棋士を輩出した木谷実道場があった関係で二〇〇〇（平成十二）年二月、この地でビッグタイトルの棋聖戦が行われた。

縁あって出席した前夜祭で市の関係者に「囲碁と七夕の町ですね」と言ったら、「村井弦斎のゆかりの地でもあるんですよ」。「弦斎？　『食道楽』の」とうろ覚えの著書名を挙げると、力を込めて「そう、企画展の準備中です」と言った。

美食に関する名著ではブリア・サヴァラン『美味礼賛』、袁枚『随園食単』、谷崎潤一郎『美食倶楽部』、吉田健一『饗宴』などは読んでいるが、『食道楽』については話に聞くばかりで、手にしたことがない。

年譜も付して四百ページを超える黒岩比佐子氏の労作によると、『食道楽』は一九〇三（明治三十六）年一月、「報知新聞」の連載小説として始まり、主人公の結婚をめぐる物語に六百三十種もの料理を登場させ大きな反響を呼んだ。大ベストセラーとなった単行本の印税で、村井弦斎は太平洋を望み富士山を仰ぐ平塚に広大な土地を購入し、家族と理想的な生活を営んだ。

明治期にロシア語に通暁し、アメリカにも長期滞在した啓蒙的なジャーナリストの膨大な小説や随筆、評論は、しかし忘れ去られている。晩年、独特の生命観から木食《もくじき》、断食を実践し、高僧の入寂《にゅうじゃく》のような死を迎え、世間的には奇人視された生涯に黒岩さんはある痛ましさを覚えているが、『食道楽』をよく読み込んで、現代に通じる先見性も発見している。

孤食、過食に拒食、肥満とその反動のダイエット……飽食の時代に様々な現象が起きて、今ようやく「食育」が重視されつつあるが、すでに弦斎は「小児には徳育よりも知育よりも体育よりも食育が先き」と指摘していたという。「成るべく場所に近きもの」と唱えた「食物の原則」に、黒岩さんは地産地消と同じ概念を感じている。

ふと、思うのは、北イタリアの小さな町に発し国際的な広がりを見せているスローフード運動。この運動が大切にしているのは、①子どもを含め味の教育を進める②小生産者を守る③郷土料理や質のよい食品・ワインを守る。もし、弦斎が知ったら「うむ」とうなずくことだろう。食物をめぐる問題が世界的に連鎖する情勢にあって、弦斎の生き方を問い直す評伝の発刊の意義は大きい。

そうだ、久しぶりに平塚へ出かけて、「村井弦斎公園」の辺りを歩いてみようか。前夜祭の流れで入ったすし屋にも寄りたいなあ。すし屋といっても、煮魚も焼き魚もある居酒屋みたいに気安い店で相模湾の魚が抜群に旨い。さすが、〝食道楽の人〟が選んだ土地柄である。

（岩波書店・4200円）

第三十一冊

『お茶漬けの味100』　松田美智子著

寿司やラーメンではこうはいかない

表紙を飾る「トマトのナンプラー風味」のお茶漬けの色彩の鮮やかなこと。大ぶりの白磁の茶わんの中の温かいご飯に、まず皮と芯を除いたフルーツトマトを乗せ、熱々のチキンストックスープをかけ回し、ナンプラーを加える。白こしょうを挽き、パセリのみじん切りを散らす。お茶漬けというと、酒の仕上げと思われがちだが、これは朝食向きでもある。食欲を刺激され、一日を元気にスタートできそうだ。

伝統的な食材のお茶漬け、季節のお茶漬け、新感覚のお茶漬けの三章から成る本書は、計百点の料理写真に要を得たレシピ付き。シンプルな梅茶漬け、ごまだれの鯛茶、ボリュームのある豚の角煮茶漬けもみな美しくおいしそうだが、表題から小津安二郎の名作「お茶漬けの味」を思い出す人も多いことだろう。

要職にあって仕事一筋の夫（佐分利信）は、田舎出ゆえに湘南育ちのお嬢さんだった驕慢な美貌の妻（木暮実千代）に軽んじられ、汁かけ飯をとがめられたりする。急に南米出張を命じられ、遊びに出た妻に連絡がつかないまま飛び立つが、機体故障で夜遅くいったん戻ってくる。一緒にお茶漬けを食べながら、わがままをわびる妻に「いいんだよ。夫婦はこのお茶漬けの味なんだよ」と諭す。

ようやく打ちとけた中年夫婦の、とりわけ寛容な佐分利信のうれしそうな表情がいい。あれは、お茶漬けだからよかったのだ。寿司やラーメンでは、ああはいかない。しみじみした味わいは出ず、映画は成り立たなかっただろう。昭和二十七（一九五二）年公開の話題作だったが、珍しく僕の両親が連れ立って見に行き、帰ってから遅くまでボソボソ語り合っていたのを覚えている。

映画の中では冷や飯にお茶をかけ、それをぬかみそ漬けで食べるだけだが、本書に登場するお茶漬けは多彩を極める。僕の好きな鮭茶の中には、意表を突く「鮭のハーブ茶漬け」なんていうのも出てくる。レモンやにんにくの漬け汁に浸したオリーブオイルでソテーした鮭、パプリカやケイパーなどの材料を使ったレシピを見ると、「お茶漬けも進化するものなんだな」と思わされる。

ガラスの器の「じゅんさい、梅、たたききゅうりの冷茶がけ」は、見るからに涼しい。夏の休日、風の吹き抜けるリビングで、これをブランチに食べたら心身ともに洗われそうな気がする。

進化ということでは「洋風鯛茶」「鰺のたたき」「穴子の辛煮」「沖縄風豚肉飯のだしかけ」「かき揚げ」などは、お茶漬けというより独立した一品料理の感がある。緑茶かほうじ茶か、それともだし汁をかけるか、お好み次第だが、酒にも合いそうだ。これだったら、木暮実千代演じるぜいたくな奥方も顔をほころばせるだろう。

（河出書房新社・１４００円）

第三十二冊

『カフェがつなぐ地域と世界　カフェスローへようこそ』　吉岡淳著

楽しくなければ続かない

人は、変われば変わるものだ。彼がカフェの店主になるとは思わなかった。しかも、「スロー」を標榜して。

吉岡淳さんと言えば、ユネスコ（国連教育科学文化機関）一筋の人。三十年間、日本ユネスコ協会連盟で途上国の教育支援、世界遺産の保護活動などにかかわってきた。それが、請われて東京・府中の市長選に出馬、善戦したものの及ばなかった。

その後、「カフェスロー」を開店したと聞いていた。海外を駆け回るファストな生活から地域のスローな暮らしへ。自分のことになるが、吉岡さんの少し後に新聞社を辞め、『スローで行こう』という本を出した身としてはわかる気もした。そこへ、表題の『カフェがつなぐ地域と世界』の出版。一読して、すぐ駆けつけた。

気持ちがいいのは、彼の笑顔のせいばかりではない。自転車屋の倉庫を改造した店内は、風が吹き抜けるようだ。自然素材の稲わらや葦わらを積み、壁に珪藻土《けいそうど》を塗る作業には学生たちが協力し、断熱性や遮音性にも優れた仕上がりになった。

柔らかな空間で、様々な人々がくつろいでいるその姿や地域通貨であるスロー・マネーの試み、ライブ、セミナー、映画会などの企画を知ると、地域社会の交流の場になっているのだと思う。

その一方、環境問題や南北問題を通じて世界にも窓を開いている。カフェの売り物の有機無農薬コーヒーは、持続可能な農業を目指すエクアドルの生産者から直に購入しているが、それはフェアトレードの実践である。こうした動きが広がれば南にも北にも、生産者にも消費者にも、いい結果をもたらすはずだ。

その自覚と夢があるから、若いスタッフが生き生きと働いているのだろう。グローバリズムとローカリズム、二つ合わせたグローカリズムという造語があるが、その実践にふさわしいキャリアを持つ吉岡さんは、所を得たのではないか。

カフェスローの目玉の一つは、もちろんスロー・フード。「豆カレーゆっくり煮」のランチセットを頼んだが、「さて、お味は?」。いつだったか、自然食が看板の店の味に閉口したことがあったので、恐れ恐る口にしたら、そんな心配は吹っ飛んだ。「旨い!」。カレーもサラダもコーヒーも、いい感じ。とりわけ新庄産の在来種の米は、かみしめるほど口中に自然な甘みが広がり、これぞスロー・フード。家人が注文したおからのケーキも、しっとりと健康な味であった。

吉岡さんに感想を言うと、「やたら禁欲的になっちゃ駄目なんです」。そう、楽しくなければ続かない、おいしくなければ寄りつかない。次は野菜のゴロゴロカレーを注文しよう、大盛りで。


(自然食通信社・1300円)

第三十三冊

『ごくらくちんみ』　杉浦日向子著

さりげなく気を遣う店の心地よさ

銀座から隅田川を渡ると、そこは月島。勝鬨橋というタイムトンネルを抜けただけで、江戸情緒が残っている。もんじゃで有名になり過ぎたが、こちらの目当ては居酒屋というか、料理屋というか、「金枡」にある。知る人ぞ知る名店であるが、これが立ち喰いの店なのだ。口数の少ない主《あるじ》と伜《せがれ》の二人で切り盛りし、出てくる肴はいずれも一級品。ハモ、マツタケの土瓶蒸し、鴨まんじゅう、百合根や蒸しアワビの入った生湯葉……こう列記するだけで、唾がわいてくる。主は京都でも腕を磨いた人らしく、懐石料理に江戸の味付けをしたような工夫がある。

脂の乗ったマグロの海苔巻き、牛肉のこっくりした煮込みも注文したくなる。腕もいいが、材料もいいのだ。目と鼻の先の築地市場に出入りする業者、うるさ型が通ってくることでもわかる。日本酒に飽いたら特製のハイボールをグイッとやると、また食欲が刺激されて止めどなくなる。

平日の夕、一番乗りのつもりで縄のれんをくぐったら、おや、先客が。テレビなんかで見覚えの杉浦日向子さん（※）が、実際はカウンターの向こうで立っているのだが、ちょこんと座った感じで一人飲っている。そうか、江戸風俗の研究家はこんな所で楽しんでいるのか。ちょっとはにかんだ表情に、おいしいものに出会ったうれしさがあふれている。この常連に目立たぬ程度に気を遣う主の接客ぶりもなかなかよかった。

こういう人が、六十八の珍味をテーマに著したのが本書である。青ムロくさや、ふきみそ、からすみ、このこ、くじらベーコン、みみがー、黒いブーダン……舌や鼻、目を総動員して味わう味覚の表現が素晴らしい。

例えば、「たてがみさし」。「薄切りにして塩だけでも甘みが引き立つ。舌に載せるや、じわっと表面が、とろとろつるつる滑りだし、心地よく体温に馴染み、半透明に温まり、歯を当てるのが愈々勿体《いよいよもったい》なくなる。ずっと口を閉じてうっとりしていたい」。僕も九州料理の店で出会って以来、この魔味の虜《とりこ》になったが、馬のたてがみの下皮にある純白の脂身には赤身やロースにない、夢見心地にさせるものがある。

よくある食味エッセイの本と思いがちだが、これは〝超・短編小説集〟。自筆の挿絵入りの一篇が三ページ、酒と肴を介した人と人の物語に「うん、うん」とうなずく。

「ほねとかわ」がいい。二十年前に逝った祖父はよく「骨と皮が一番旨いんだよ」と言っていたという。けちな好みだと思った孫も、鮭の皮や氷頭膾《ひずなます》に目を細める年齢になり、骨と皮の間の命を味わいつつ晩酌を楽しむうち、「とりあえず生きている」ことのありがたさを卒然と悟る。平凡に見える人生の滋味を感じさせ、旨《うま》い、いや上手《うま》い。

（新潮社・1200円）

※杉浦日向子さんは、二〇〇五年七月二十二日、下咽頭癌のため死去。享年四十六。

第三十四冊

『雪印100株運動　起業の原点・企業の責任』
田舎のヒロインわくわくネットワーク編
やまざきようこ　榊田みどり
大石和男　岸康彦著

絶対的な信頼マークだったのに

早朝、オート三輪に積んだ木箱の中の瓶をカタカタさせながら、牛乳屋さんがやって来る。玄関脇の鳥の巣箱のような箱を開けると、瓶詰の牛乳が収まっている。新鮮で濃い味には、今の紙パック入りが及ばない旨さがあり、子ども心に体によいものを飲んでいる気がした。紙パック入り牛乳の味にすっかり馴らされてしまったが、本来、牛乳は生鮮食品であったのだ。

夏の朝は露に濡れた冷たい瓶から、そのまま飲み干す。寒い日にはホットミルクにするが、容器の表面に張った薄い膜を指ですくってペロリとなめ、「行儀が悪い」と母親に叱られたりした。長方形の箱入り、持ち重りするバターは、もっと貴重な食品だった。あったかいご飯にバターを落として溶かし、醤油をちょっと垂らして食べると、自然に顔がほころんでくる。栄養満点、元気もりもりの感じだった。

海峡を越えると、そこは北海道という本州最北端の地に育ったので、牛乳もバターも雪印乳業の製品。雪印は、絶対的な信頼のマークだった。

それだけに二〇〇〇（平成十二）年夏、雪印乳業が起こした戦後最大と言われる集団食中毒事件は、信じられないことだった。「私だって寝ていないんだ」。当時の社長の、渦中における発言に象徴される責任感の薄さ、対応の鈍さ。雪印食品によるＢＳＥ（牛海綿状脳症＝狂牛病）対策の制度を悪用した牛肉偽装表示事件も続き、別会社とはいえ、「雪印」ブランドに対する不信感に拍車をかけた。

そんな中、各地の農村で働く女性たちが結ぶ「田舎のヒロインわくわくネットワーク」は、「日本最大の乳業メーカーが窮地に陥って、有利になる条件は農業者にとって一つもない」と再生支援の運動へ。要求しながら応援するため、雪印乳業の株を百株ずつ買い、代表を送り込んだ株主総会などでも発言してきた。本書は、その中心メンバーらの執筆による異色の企業監視活動の記録。雪印乳業の出発点は一九二五（大正十四）年、酪農家が出資して結成した協同組合にあり、創業者の一人、黒澤酉蔵は循環農法による「健土健民」を唱えた。今クローズアップされている「地産地消」の考え方を先取りしていたと言える。

先人の精神は、しかし利潤追求の拡大路線をひた走るうち忘れ去られる。酪農家は原料供給源でしかなく、消費者は利益をもたらす対象でしかない。生産現場を知らない社員、主流を財務畑で構成する組織に変質し、命と健康にかかわる産業の意識が希薄になっていたのではないか。具体的な事例から、トップメーカーの奢《おご》りと緩みが伝わってくる。

大阪工場の低脂肪乳がもたらした集団食中毒の原因は、北海道の汚染された脱脂粉乳にあった。異常な細菌数に気づきながら、目をつぶって大阪工場に出荷する。廃棄処分していれば、わずかな損害で済んだのに消費者の健康を損ね、会社の存立も危うくしてしまった。発生後の対応を見ても、企業防衛と自己保身が最優先。「役割に忠実になりすぎて、使命を見失った」という指摘は、続発する企業不祥事にも言えることである。

さて、消費者としてはどう行動するか。子どもの頃の、あの牛乳の味を取り戻すためにも。

（創森社・１５００円）

第三十五冊

『宿福の梅ばなし』
よい梅干で蘇生する

乗松祥子著

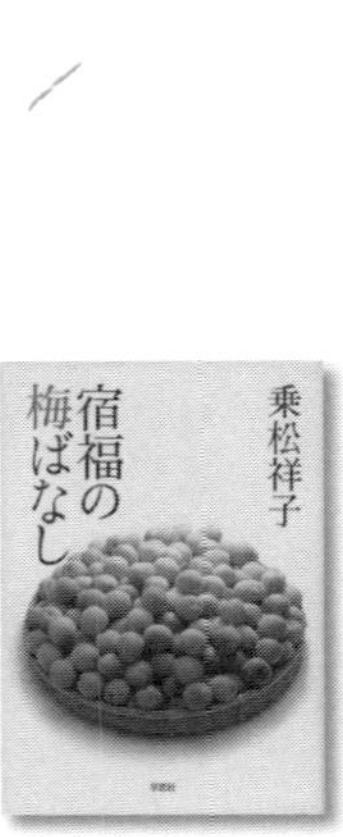

自分の病気の話で恐縮だが、二週間ほど入院していた。手術は嫌だが、食べたいものが食べられなくなるのも気を重くする一因だった。病院食はまずいと思い込んでいたので、それを覆す食事にはうれしくも驚いた。

ある日の献立――。

〈朝〉ミネストローネスープ、ロールパン、マーガリン、サラダ、ヨーグルト、牛乳〈昼〉卓袱《しっぽく》風うどん、煮物〈夜〉炊き込みご飯、さわら西京焼き、かぼちゃと高野豆腐といんげんの炊き合わせ、お椀。フルーツや杏仁《あんにん》豆腐も出た。カロリーや塩分に注意しているのか、全体に淡淡《あわあわ》とした味は、並の食堂や料理屋より上かもしれない。サクサクした歯触りのメンチカツや香ばしい白身魚の山椒焼きは、今でも食べたくなる。

熱いものは熱く、冷たいものは冷たく出す。朝夕は二種類あり、和洋の選択制。食事時間は朝八時、正午、夕六時と家庭とほぼ同じ。食べることだけを考えている自分に気づいて恥ずかしくなったが、患者が楽しみにする食事は、大事な治療の一環でもある。

それでも、手術直後には副菜まで手が出ず、農家から分けてもらっている自家用の梅干しを持ち込んでいたので、それに助けられた。申し分のない、この病院食で梅干しは一度も出なかった。

本書によると、クエン酸を含んだ梅には①殺菌②疲労回復③血液改善④消化・整腸⑤カルシウム吸収――を促す効用があるという。懐石料理の辻留で働いていた乗松祥子さんは、そこで百年を超えてなお生きている梅干しに出会い、不思議な力に魅せられてしまう。

梅干し作りに励んで、辻嘉一が認める逸品を産み出すが、自身の健康も取り戻す。体重三十キロそこそこ、心臓発作や肩こり、冷え性に悩まされた乗松さんは、三日三晩の天日干しなどの作業を続け、自分でつくった梅干しを常食するうち、心身ともに爽快になっていく。

「幻の梅」と言われるクエン酸濃度の高い杉田梅を再発見する物語には、〝梅おばさん〟の面目があふれている。横浜市に残る樹齢五百年と四百年の杉田梅、小田原市に残る百二十年の杉田梅。一粒で八十グラムの大玉もあるという。地域の人々と、日本古来の梅を保存・継承しようとする姿は、梅守りの感がある。

梅干しがクエン酸、自然塩、天日による造化《ぞうか》の妙だとすると、着色料、保存料、化学調味料まみれの品は、似て非なるものだ。病院食に出なかったのは、そのせいでもあるのか。それだけが心残りだったが、ともかく満足した。炊き合わせの味見をした家人は、「おいしい」と言ったきり黙ってしまった。退院後、この水準を求められたらと考えたのだろう。家に、よい梅干しだけはあるが。

（草思社・1500円）

第三十六冊

『寄席おもしろ帖【第二集】おかわりッ』

寄席の周辺にはうまいもの屋が多い

長井好弘著

ここんとこ、寄席を覗《のぞ》いてないなあ。手っとり早く、あの雰囲気に浸りたくて本書を開いたら、これが表題通りのおもしろさ。ただでさえおかしい噺家連中にまつわるとっときの話に腹の皮がよじれるほど笑う。好評につき第二集の副題は、「おかわりッ」ときた。

ページをめくってすぐの辺りに、「『ひざ前』の極意」。軽い調子で「寄席ってえのはフルコースになってまして、メインデッシュの前に、サラダとか野菜とかいろいろあるン。」と始まる。そう、トリの登場まで、前座もあれば、ひざ前やひざ代わりもある。色物の漫才や漫談、曲芸、紙切りも。名人上手の独演会とそこが違うところで、時々息抜きしながら楽しめるのが寄席のよさだが、六章から成るこの本の仕立てもそうなっている。

「ベテラン奮闘篇」や「若手のびのび篇」の芸談もいいが、「噂話ふむふむ篇」や「色物いきいき篇」の章もたまらなくおかしい。幼い頃から落語好きの著者らしく、ゴシップ一つにも芸人への愛情があふれている。

寄席にかかわるすべてが好きなのだろう。「寄席の売店での買い食いは、楽しい」と始まる項を読んだら、上野・鈴本演芸場の売店に名物の折り詰めを出しているきつね寿司が今年（二〇〇四年）春、店を閉じたという。「甘さを抑えた大きめの油揚げにパクつくことが出来ないかと思うと、切ない」と書いているが、同感である。

演芸場で中入りに食べるのも楽しみだったが、上野駅浅草口にある家族営業の小さな店にも時々寄った。そば屋なんかで一杯飲《や》った帰り、きつね寿司の折りを提げて電車に乗る。おなかのこなれた頃に家に着いてパクつくと、いい具合だった。長井さんは、「大看板が亡くなるとごっそりネタが減ってしまう」寂しさを嘆くが、こういう味わいのある古い店が消えていくのにも同じような喪失感を覚える。

寄席の周辺にはうまいもの屋が多い。とはいえ、新宿・末広亭に近い長春館が出てくるとは。カルビやハラミを食べたくなると駆けつける店なので〝焼肉漫談〟の林家しん平が、「早いところ高座を済まして、長春館かどこかでビールに焼肉といきたい」と思う気持ちはわかるが、噺家と焼き肉屋の取り合わせは意外であった。

鈴本、末広とくると、次はどうしたって浅草演芸ホール。今は亡き柳家小さんから「舟和の芋羊羹《いもようかん》を」と五千円渡された三遊亭新潟（白鳥）は、お茶受けにちょっとあればいいものを、五千円全部買ってきた。「だれが食べるんだ！」。目ん玉をむいて怒った顔が見えるようだ。アッハッハー。その小さん師匠を、演芸ホールに近いヨシカミで見かけたことがある。高座の前の腹ごしらえか、下町の庶民的な洋食を勢いよくかき込んでいた。

ヨシカミも舟和も長春館もいいが、きつね寿司の消失は惜しまれるなあ。


（うなぎ書房・1600円）

第三十七冊

『口奢りて久し』　邱永漢著

筆舌ともに豊潤の味わいを増す

東京の井の頭線池の上駅近くで台湾料理の看板を掲げている「光春」は、小さな店ながら料理に工夫があり、何を頼んでも満足させてくれる。この季節の売り物は、身が詰まって味噌たっぷりの上海蟹だ。十五、六年も前の今ごろ、出張先の上海で意気込んで蟹を注文したら、痩せて味も今一つ。「『光春』の方がはるかに上だなぁ」と拍子抜けした覚えがある。

五十話のうち、上海蟹に二話を割いている本書の著者も十二年前、同じ思いをし、「あんな見すぼらしい蟹はいま上海中を探し歩いてもどこにも見当らないだろう」と書いている。「長い間、上海蟹は外貨を稼ぐ中国の特産品として優先的に輸出にまわされた」結果だと知って、本場での我が体験に納得がいった。

邱永漢氏と言えば、すぐ〝金儲けの神様〟となるが、直木賞作家。名著『食は広州に在り』で知られた大食通でもある。読むたびに美食の世界の深遠に呆然とし、卓抜な味覚の表現にうなる思いをさせられた。

その名著から半世紀というから、まさに「口奢《おご》りて久し」。筆舌ともに豊潤の味わいを増している。前作は広州中心だが、この間、〝神様〟はふところも潤ったせいか、「美食のためなら千里も一里」と世界各地を食べ歩いている。「どんな料理がお好きですか」と聞かれ、「ハイおいしい料理です」と答える辺り、喰いしん坊の面目があふれている。

『食は広州に在り』を吉田健一、檀一雄の美味について著した作品と並ぶ傑作と推奨した丸谷才一氏は、そこに文明批評の目も認めているが、今度の本でも批評精神に磨きがかかっている。

万金投じて豪奢《ごうしゃ》な食卓を囲んだり、評判のフランス料理が食べたくてボルドーから往復三百キロの田舎道を車で走ったりする一方、外食産業として急成長の焼き肉屋、台湾や香港に進出した日本のラーメン屋を見学に出かけたりする。悠々閑々の大人《たいじん》の裡《うち》にある旺盛な好奇心が、邱さんを食味エッセイスト、小説家、経済評論家、経営コンサルトなどの多面的な存在にしているのだろう。

「今年の上海蟹はいいですよ」と「光春」から情報がもたらされたが、健康上の理由で今は酒を控えざるをえないので、残念ながらまだ足を運んでいない。近所の大きなスーパーで、タコ糸に縛られてガサゴソ動いている上海蟹を買い求め、家で蒸してむしゃぶりついている。本書にあるように養殖による大増産が軌道に乗ったせいか、二杯で、いや、どうかすると、三杯で九百八十円。当たり外れは仕方がないが、これはこれで旨《うま》い。しかし、紹興酒なしで上海蟹を食べてもなあ。

（中央公論新社・１５００円）

第三十八冊

『旨いものはうまい』　吉田健一 著

極上の酒の如く飽きのこない文章

前回、邱永漢氏の新刊『口奢《おご》りて久し』を紹介した際、邱、吉田健一、檀一雄の三氏の本が食べものに関する名著の評が高いと書いた。檀作品は文庫本改版を機に『美味放浪記』を紹介済みなので今回は吉田作品を取り上げよう。折よく、『旨いものはうまい』と題する文庫本が出たばかりだ。

翻訳、評論、小説に筆を揮《ふる》った英文学者の著作から選んだ食味エッセイ集。文字通り、〝おいしいとこ取り〟である。

味覚の表現がいい。例えば、牡蠣《かき》。「広島のを食べていると何か海が口の中にある気がする」。産地の好みは別として、牡蠣特有の食感をよく言い当てた描写である。潮の香のする滋味が、口中にあふれるようだ。

新潟の筋子では、「粕漬けだと筋子が酒に酔ふのか他の漬け方では得られない鮮紅色を呈し」た柘榴《ざくろ》石の粒のようなものを、いとおしみつつ味わっている。そう、酒によし、飯によしなのだ。

駅弁も好きで、「子供の時に感じたのと同じ魅力を感じるかどうか」を健全な味覚の目安にしていたそうだ。

食通ぶらない。そう見られるのを、むしろ恥としており、そこが読んでいて気持ちのいいところだが、酒の楽しみ方を知ると、もっといい気持ちになる。

日向ぼっこしている犬を見て、「さういふ風にぼんやりした気持ちが酒を飲むのにいい」という。「いい日本酒ほど水に近い」が持論で、そういう酒を日向ぼっこの心境で飲めば、「酔ってはゐても（略）いくらでも飲めていつまで続けても同じであり、そしてその状態に飽きることもない」というのもわかる気がする。いい酒の飲み口、それは氏一流の文章に魅せられた読者の読み方に通じるものがある。飽きがこないのだ。

前に、吉田健一と河上徹太郎の愛した銀座のバーが今年（二〇〇四年）二月、店を閉じた話を書いた。マスター一人、ちょっとレトロな雰囲気の店に僕も通ったが、カウンターの席で「その椅子が吉田先生、隣が河上先生。いつもご機嫌でした」と言われる度、お尻がむずむずするようであった。

閉店を惜しんで昔の常連たちが現れるようになった頃のある夜、隣の女性客の話す日本語が、実に折り目正しいのに気づいた。耳に心地よい。

後で吉田健一のご長女と知ったが、その吉田暁子さんが、本書の終わりに「父の想い出」を書いている。「飲んで人と居る時も、飲んで一人で居る時も、その『居る』ということと自分が全く一つになる」。そんな風に自分が酒を飲むわけを記し、酒への適性は父からの良い贈り物だという。あの見事な話言葉が活字になったような文章に触れ、良い贈り物は酒への適性だけではないと思う。

（グルメ文庫・680円）

第三十九冊

『取り寄せても食べたいもの』　田沼敦子著

「物くるゝ友」の心ばえ

「質のいい、おいしい生活」が目指すところだという。七章から成る本書は、その実現を手助けするため、プロの味の食材、保存できる物、産地直送の野菜や果物、デザート……など取り寄せの優品を紹介している。

料理研究家の著者は、幼い頃から食べることに興味があり、学生時代の手帳は「行ってみたい店、食べたいものの書き込みだらけ」だった。人にも食べてもらいたい性格で、「贈った相手の顔と、『おいしい！』のひと言。そんなことを想像するだけでも楽しい」。こういう友だちがいたらいいなあ。徒然草の中の「よき友、三つあり。一つには、物くるゝ友」を、つい思ってしまう。

確かに気の利いた頂戴物はうれしいが、田沼敦子さんの言うように、自分が「取り寄せても食べたいもの」を贈って喜ばれると、これまたうれしいものである。本書ですすめる品物は、百四十五。僕の場合、とてもそこまで目配りできないので、ここ数年、贈り物は三つの中から選んでいる。

佐渡の加藤酒造の「拓」、山形のシベールのラスク、東京の丸山の焼き海苔《のり》。この中から相手の好みを考えて贈っているが、どれもすこぶる評判がいい。焼き海苔を贈った旧友から、すぐかかってきた電話は傑作だった。

「おれは、海苔っていうのは向こうが透けて見えるものだとばかり思っていたよ。これは、黒々、艶々、パリパリ……いや、磯のいい香りにも驚いた」。「この誉め殺し！」。そう思いながらいい気分にさせられ、次もまた贈ることになるのだろう。

海苔と言えば、この本では東京・大田の「田庄のやきのり」を取り上げている。よく行く銀座の寿司屋で使っている海苔で、丸山のものと甲乙つけ難い。丸山の方は銀座の親方の師匠筋の店で教えられた品であり、贈り物はどちらをつかうか、実のところ迷っている。

「維新號　にくまん」「十三湖の大和しじみ」「ＪＡ甘楽富岡　下仁田ネギ」「ＪＡ大阪泉州　水ナス」……おっと、京都の「原了郭　黒七味」もある。しかし、生鮮食品から保存食品、調味料から水まで、圧倒的に知らない品物が多い。

これらの品を厳選した料理研究家の田沼敦子さんは、歯科医でもある。おいしい食べものをズーッと楽しむために大切な〝道具〟、歯を長持ちさせようとする立場から、ものを噛《か》む回数が自然に増える調理法「噛むかむクッキング」を提唱していることでも知られる。逸品ぞろいの写真を眺めていると、田沼さんのように誰かに贈りたくなるが、その前に自分の舌で確かめよう。折から、お歳暮の季節――。

（法研・１３００円）

第四十冊

『うまい日本酒はどこにある？』　増田晶文著

舌の記憶は怖い

アルコール類に親しんで四十年以上になるが、なんといっても日本酒が一番合う。けれど、本醸造、特別本醸造、吟醸、大吟醸純米、特別純米、純米吟醸、純米大吟醸、それに普通酒も入れると正直言ってよくわからない。自分の舌だけを頼りに、旨いと思う酒を味わっている。

毎晩でも飲みたい僕には、どうも、吟醸系の香りの強過ぎるのは合わないようだ。せっかく高価な大吟醸を飲む機会があっても、ほどほどの白ワインの方が増しだなあと思ってしまう。日本酒らしいコクを含みながら、スッとした飲み口の酒がいい。本書を読むと、志のある造り手たちが「今ほどうまい酒を呑める時代はない」と言っているが、飲んでも飲んでも飲み飽きない日本酒に出会うと、確かにそう思う。

それなのに酒蔵は減り続け、現在稼働中の千五百蔵の三分の二は消えるかもしれない。清酒消費量はピーク時の半分。この五年で転廃業・倒産した酒屋は二万四千軒以上、失踪・行方不明者や自殺者も多い。

この業界の厳しい状況を聞いてはいたが、これほどとは……。食生活や嗜好の変化などもあるが、〝三増酒《さんぞうしゅ》〟と呼ばれるまずい酒を競って供給した時代の付けが、まだ日本酒の足を引っ張っている。舌の記憶は怖い。

増田晶文氏は、そういう背景にも触れながら地方の酒蔵や大メーカー、酒屋や量販店、居酒屋や料理屋、消費者……日本酒の流れの各段階で取材を重ね、衰退の原因と課題を指摘している。辛口だが、日本の文化である酒への愛情が感じられ、読んだ後口がいい。質より量の拡大路線を突っ走り、立ち行かなくなっている日本の社会全般に通じる問題も含んで、ノンフィクションの収穫の一つと言えるだろう。

日本酒への真摯《しんし》な思いを語る造り手や売り手の存在を知り心強くなったが、ある酒店経営者が言っているいい酒の基準にはその通りだと思う。「一升瓶で三千円台が上限かな。できれば二千二、三百円のがいいですね。純米酒には拘泥《こうでい》しない。本醸造のアルコール添加の酒でも、うまい酒はいくらでもあります」。晩酌を欠かさないのんべえとしては、ぜひそうあってほしい。

とはいえ、「やはり、純米酒は旨い」と思う時もある。前回触れたが、佐渡の「加藤酒造」の自然耕栽培の純米酒「拓」。四合瓶の値段が手ごろで、知人に二本ずつ贈ったりするが、こんな反応もあった。「世の中にこんな旨い酒があるんですね。驚きました。しかも、今朝の体調の爽やかさは何事でしょう」。自分の好みの話になってしまったが、そんな酒を楽しんでいる。

（草思社・1500円）

第四十一冊

『日本全国おでん物語』　新井由己著

庶民の本懐、ここにあり

「おでんを食べたお客さんは、『おいしい』ではなく『幸せ』とつぶやく」――。うん、ホントにそうだ。おでんの温もりが伝わってくるような一節を読むうち、ある光景を思い出していた。

浅草で飲んだり食べたりするのが好きで、年に四、五十回も通っていた頃、観音堂裏のおでん屋によく行った。気のいいおかみ一人の居心地のいい店。近所の常連が多いが、たまに粋筋の姐さん方を見かけるのも楽しみだった。豆腐やダイコンで一杯やり、おでんの他に二品ほど頼んでも二、三千円で足りる、実に得難い店である。

ある寒い夜、店に入って熱燗を頼んだが、隣の先客、職人風の二人は、すでにご機嫌の様子だ。お互いの健康状態を話していたのか、聞くともなく聞いていると、こんなことを言っている。

「昔は中風《ちゅうぶう》って言ったもんだが、何でだろう」「うーん、まっ、体の真ん中に穴が開いて、そこんとこを、風が吹き抜けるって感じかなあ」

絶妙の問答にうなる思いだったが、話がちっとも深刻にならず、「こうやって、おでんなんかつっ突いてよ、一杯やってるうちは幸せってなもんよ」。二人が気分よく引き上げた後、おかみが言うには「畳屋さんと経師屋さん、いつもつるんで来てくれるのよ」。おでん酒にすっかりほどけた、実にいい顔をしてたなあ。

今の季節、似たような光景が、あちこちで見られることだろう。新井由己さんは、そんな各地のおでん屋を食べ歩き、日本列島を二度も縦断したという。本書は、〝世界初〟を名乗る〝おでん研究家〟が、十年をかけた考察の集大成――。

田楽に由来するおでんは、初めは串刺しの豆腐に焼き味噌をつけて食べる物だった。関東風、関西風の区別より、煮物風江戸おでん、汁気たっぷりで甘辛の関東煮《かんとだき》、スープ風汁に改良した東京おでんというように、「時代別に整理したほうがよさそうだ」という。

とはいえ、北海道から沖縄まで、著者厳選の実力派二十店の章を見るとやはり土地柄で違う。北海道のウニとカニ、宮城のサンマのつみれ、愛知の味噌だれ、大阪の鯨のコロやサエズリ、沖縄の豚足……。ちくわぶやはんぺんの東京で、最近はトマトやブロッコリーなどを売り物にする新感覚のおでん屋もある。

多彩ぶりに目を見張るが、共通しているのは、おでんで一杯やっている庶民たちの満ち足りた表情だ。〈俄《にわ》か寒おでん煮えつつゆるびけり〉（秋櫻子）。湯気の向こうで「幸せ」というつぶやきが、聞こえるようだ。

（生活情報センター・１４００円）

第四十二冊

『随筆　一食入魂』　小山薫堂著

命懸けで、しかし優雅に

「一食入魂」、ちょっと大げさじゃないの。そう思いつつ読んで、いや、恐れ入りました。東奔西走、怒濤の勢いの食べっぷりは命がけ。それでいて、優雅である。

日記形式の随筆は「二十一世紀初の焼肉」を食べる場面から始まる。コレステロール値の異常で節制一年半、ようやく肉食が許され、「ハタ」と気づく。日本人男性の平均寿命まで四十年、食事は四万回。「一食入魂で生きてゆきたい」と思う。

「柔らかいだけの霜降り肉は、グラビアアイドルが見せる魂のない笑顔に似ている。肉汁を歯茎で味わうハラミ独自の食感に感動を覚えた」。リハビリで7キロ減量、久しぶりに焼き肉を味わううれしさが伝わってくる。

有馬温泉で神戸牛のすき焼きを堪能した後、ワインバーでシャンパン、赤ワイン、白ワイン……赤提灯に誘われて入った店のお好み焼きに箸が止まらなくなり、自慢の漬物を出され、お茶漬けも平らげてしまう。その満腹感のままシドニーへ。三十時間で五食、フルオーダーで食べ歩く。

和洋中、世界中の一流店に出入りするが、嫌味じゃないのは、「人間と食の根本的なかかわりをもっと勉強し

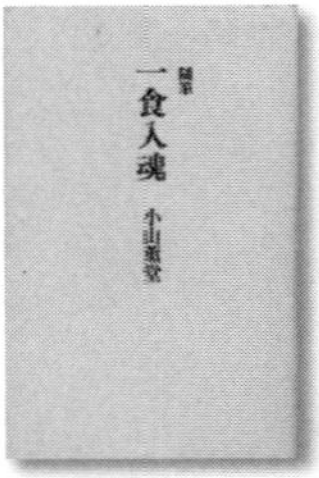

なければ」の気持ちがあるからだろう。チープなコロッケやカレーパンへのこだわりにも共感を覚える。

日曜日、銀座のビルの屋上。界隈の名店から春巻と麻婆豆腐、蕎麦、おでん、ちらし寿司などを持ち寄って飲んでいる。これだけ贅沢をした総予算が、わずか一万五千円也。「茜色に染まっていく都会の空を見ながら、男三人は心地よく酔っ払った」。放送作家の小山薫堂氏がいい店を探すのは、いい時間を過ごすためだという。「いい時間とは（略）友人と楽しい会話をすること」。ドラマに出てくるような銀座の屋上のシーンが、それを如実にあらわしている。

浅草では「弁天山美家古寿司総本店」から甘味処「梅むら」へ回り、最後に銭湯で汗を流しているが、僕らは逆のコースをたどったことがある。まず、ホテルの檜風呂へ。驚いたことに、倶梨伽羅紋紋《くりからもんもん》の屈強の男が二人、ご老体の面倒をみている。親分衆の老後というのも、悪くはないなと奇妙な感動を覚えた。汗を絞ってホテル裏手の焼き肉屋へ真っしぐら。生ビールで盛大に喰らう。「梅むら」で豆かんを買い、ぶらぶらするうち「美家古寿司」へ。酒を一、二本。寿司をつまんで実にいい気持ちになった。わが食体験でも一、二の贅沢な一夜であった。

小山さんの連夜の豪奢には到底及ばないが、人並み以上に食べて飲んだせいか、こちらは還暦でちょっと変調をきたした。〝老爺心〟ながら、一食入魂の四万回へ、節制も。

（ぴあ・１６００円）

第四十三冊

『味覚極楽』　子母澤寛著

味覚を通じて人物を語る

『新選組始末記』などの幕末物で一時代を画した小説家に、こんな随筆があったとは！　味覚を通じて人を語り、見事な手さばきである。初出は昭和二（一九二七）年、当時の東京日日新聞。社会部記者の子母澤寛の聞き書きによる連載であった。作家となって加筆し、人物印象記も添えて「あまカラ」誌上に再登場、それが昭和三十二（一九五七）年に単行本として出版され、後に文庫本になった。その改版を機に初めて読み、味覚論の古典と言うにふさわしい味わいを覚えた。

談義の相手は、伯爵や子爵、増上寺大僧正や円覚寺管長、花柳流家元、宮内庁厨司長、資生堂主人ら三十二人。「キザはごめん」とばかり相手の懐に飛び込んだ一記者の無手勝流が功を奏し、錚々《そうそう》たる顔ぶれに偉ぶったり気取ったりした感じが少しもない。思い思い、〝下手《げて》味の中の洗練〟を語っている。

民政党総務を務めた政治家、榊田清兵衛は若い記者に心を許し、「秋田の『はたはた』は馴れない人は少しにおいがあるというが、あんなうまい魚は珍しいと思う」と郷里の味をなつかしんでいる。これに付した子母澤寛の「私は今では秋田だの、青森の鰺ヶ沢だの、北海道からよく送って貰うが、（略）鰺ヶ沢のが一番うまいよう

な気がしている」という感想に、ハタと膝を打った。

鰺ヶ沢は僕の父の故郷で、冬になるとハタハタが送られてきた。榊田清兵衛は素焼きの小さなこんろ上に帆立て貝の殻を載せたそうだが、おやじも貝殻の小鍋立てでハタハタを煮て、目を細めて酒を飲んでいた。一緒にぶりっこ（卵）のプチプチした感触を、子ども心に楽しんだ。

若い時分、仕事の都合で佐渡で一年を過ごしたが、ここもハタハタがとれる。木箱一つ五百円程度だったので実家に送ったのに、反応は今一つ。秋田も佐渡も同じようにおいしいと思ったのだが、僕の父にはハタハタはふるさとの味、鰺ヶ沢産は格別であったのだろう。

日本海の海辺にあれほど寄せて来たハタハタが全くとれなくなり、秋田県では全面禁漁した。三年間辛抱して今は解禁しているが、最盛期の漁獲高には遠く及ばない。おふくろが作ったハタハタの飯ずしや醤油味のおつゆも記憶の中の味になってしまった。

本書には新宿・中村屋の名物カレーを伝えたインド解放の運動家、ボースも登場する。「肉にしても魚にしても、骨ごと使わなくては本当のうま味は出ません」と、若き日の子母澤寛相手に語ったくだりを読むと、官憲に追われた志士の人間的一面を感じて興味深い。料理談義、実は人物論。聞く人、語る人の呼吸相俟《あいま》って生じた滋味、ゆるゆると味わうべし。


（中公文庫ＢＩＢＬＩＯ・８９５円）

第四十四冊

『笹塚日記　うたた寝篇』　目黒考二著

座業を支えるシンプルな自炊メニュー

おやおや、目黒考二氏は、往時の文芸評論家、平野謙に学んだのか。大学は違うし文学部でもないが、僕も教養課程で文学概論を受講したので、「いつも苦虫を噛みつぶしているような表情がおかしかった」という辺りで思わずうなずいた。世の中、面白いことなんて何一つないといった顔をして、なんだか気になる先生であった。今の僕らより若かったと思うが、「老」と冠したくなる文芸評論家の卒論の面接で、目黒さんは「面白かったです」とほめられたのか。ふーん。うれしかっただろうなあ。恥ずかしながら、こちらは不可すれすれの可だった。

うたた寝篇は、『笹塚日記』の三作目。この読書日記は、「本の雑誌」の連載で眺めていたが、読み直して、いや、参ったなあ、読みっぷりの凄さに。「おやおや」と驚き、「ふーん」とうなずき、明け方まで様々な分野の本を読む。コラムや書評の原稿を二、三本書く日も多いのに、追われている感じがない。本の雑誌社の発行人を退いて身軽になったのか、自適ぶりを増しているようだ。

笹塚にある同社と同じビル内の四階事務所に寝起きし、帰宅するのは週末だけ。読んで書くという生活の単純化が一層進んでいるが、一番の変化は食事だろう。二作目では入門したての感があった自炊生活が本格化し、う

たた寝篇は「献立篇」の様相も帯びてくる。

本探しの書店回りで、「料理関係の本にはつい手がのびてしまう」。栗ご飯、刺し身のづけ丼、魚介類のスープ・スパゲッティ、きりたんぽ鍋などに挑戦し、ドライカレーもよく出てくる。

食べものの乏しかった僕の子どもの頃、家庭科で習い覚えた姉が、日曜日のお昼につくってくれたドライカレーに目を見張った。今思うと、具らしいものは入っていなかったが、脂に黄色く輝き、固く粒立ったご飯のピリッと辛い食感は衝撃であった。今でも、ポークソティーやカキフライとの組み合わせで注文する。

ポトフがミネストローネに変じたりするが、目黒料理人の本領は、周りに「朝食のメニューじゃないですか」とからかわれながらつくる「熱々のご飯に鮭と納豆、海苔と漬物、そして味噌汁」の夕食。カブやキュウリの漬物の手製に感心する。「ドラマチックなことはいらないの。同じ毎日で十分なの」。シンプルライフの哲学に通じるようだ。

かなり忙しい座業の日々に、食材の買い出しと自炊の作業がいい気分転換になっているようだ。仕事なのに、目的意識や義務感からほど遠い読書生活は優雅にさえ見える。北上次郎の筆名で文芸評論にも筆をふるう現在を思うと、目黒青年の卒論に何かを感じた平野謙先生は、やはり炯眼《けいがん》であったのだ。


（本の雑誌社・1600円）

第四十五冊

『だいこん』　山本一力著

心を研ぐように米を研ぐ

今も繁盛していると思うが、昼の定食が楽しみで東京・西新橋の小料理屋へ通った時期がある。二十年以上前の千円は、昼食代としては安い方でないが、いつもサラリーマンでこんでいた。

出るものは、鮭、タラコ、鰆《さわら》味噌漬けのいずれか一品とご飯、味噌汁、お新香だけ。吟味された主菜の魚もいいが、ふっくら炊き上がったササニシキが光っている。お代わり自由。常連たちがモリモリ食べている。「さあ、午後も元気でやるぞ」。米は力の源なのだ。

浅草が舞台の時代小説に登場する「だいこん」は、江戸の庶民が出入りする一膳飯屋。西新橋の小料理屋よりもっと気安い店だが、やはり食べ放題のご飯の旨さで客を呼ぶ。十七歳で店を始めた主人公のつばきは、通い大工の長女で利発者の器量よし。腕はいいのに博打《ばくち》に溺れた父親のせいで貧乏暮らしをするが、妹たちの面倒を見ながら働き者の母親を支える。

目黒行人坂から出火、江戸の大半を焼き尽くした大火の炊き出しを九歳で手伝った飯炊きの腕を見込まれ、幼いながら火の見番小屋の食当《しょくとう》を任される。そこで得た経験と資金で開いた店が大当たり。安くて旨い、良心的な一膳飯屋で立とうとする志がもたらした細腕繁盛記である。

精一杯工夫して生きる姿が胸を打つのか、様々な局面で人が手を貸す。火の見番の頭、家主、周旋屋、河岸の連中……父親を博打に引き込んだやくざの親分をして、「おめえはガキの時分から、どこか飛び抜けたところがあった」と言わしめる。

人と人が助け合ったりぶつかり合ったりする物語は読み応えあるが、食べものの描写がいい。イカの旨味をたっぷり吸ったダイコン、煮汁がギラギラ光るほど脂ののったイワシの生姜煮に喉《のど》が鳴るが、人情小説を成り立たせているのは、つばきの炊くふっくらしたご飯のあたたかささだろう。

浅草と言えば、前に観音堂裏のおでん屋のことを書いたが、この店もご飯がおいしい。おでんで軽く飲んだ後、たいていの客がイワシの塩焼きやサバの味噌煮でほかほかのご飯をうれしそうに食べている。「秘訣があるのかしら」と聞く女性客に、おかみが「お米屋さんが持ってくる米を使っているだけで、特選米でも何でもないのよ」。自分でも「電気釜じゃなくガスで炊くのがいいのかな」と首をかしげている。

いつだったか、開店直後に店に入ったら、おかみが一心不乱に米を研いでいる。シャッシャッシャッシャッシャッ……。まるで自分の心を研いでいるようだ。つばきも、こんな風に気持ちを込めて米を研いだのだろう。

（光文社・１８００円）

第四十六冊

『酒食生活』　山口瞳著

ゆうべの我が所業を反省する

まだ行ったことのない県が三つあり、その一つの長崎にはどうしても出かけたい。早くから異国の文物を吸収した情緒あふれる土地柄への憧れもあるが、山口瞳著『行きつけの店』に出てくる寿司屋で酒を飲みたい。

この本の中の写真で見ると、暖簾《のれん》に小さく「長崎前　とら寿し（※）」。うーん、よさそうだ。長崎に四泊もした作家は、簡素な構えのこの店に昼も夜も通った。アラ、アオリイカ、アワビ、そしてアジ。口に入れると、人は「あわわ……」という顔つきになり、「これ本当に鯵《あじ》かな」と首をひねるほど旨いのだという。

その長崎へ、学生時代からの友人が「女房と、旨いものを食ってくる」と出かけた。去年の秋のこと。夫婦二組で旅行や食事をするつきあいなので一緒したかったが、健康状態が許さず、「この寿司屋の様子を見てきてよ」と本を渡した。帰ってきたので「どうだった」と聞いたら、こちらに気をつかってか、「まあな」。けれど、小鼻をひくひくさせる感じと、「東京の寿司屋のように何でもあるわけじゃないんだよ。自分ちの庭先みたいな海でとれる魚だけ出すんだが、これが……」と言葉を飲み込んだ様子からすると、よほど旨かったんだなぁ。

『酒食生活』は、『行きつけの店』や『酒呑みの自己弁護』、『礼儀作法』などの作品を編集した『江分利満氏の

酒食生活』に幾つかのエッセイを加えた文庫版。同じ国立在住の嵐山光三郎氏が「この世のぜいたくに、『山口瞳と酒を飲む』という時間がある」と解説しているが、そんな気分を味わわせてくれるエッセイ集である。

酒場では「お世話になります」の気持ちで飲むというマナー論があり、初めての客を連れて行くと、「その人に話しかけて、その人の好みを知ろう」としてくれる銀座の料理屋のおかみの人物論もある。酒場とは「伊達《だて》ひく所」という言葉に、ゆうべの我が所業を反省させられたりする。

とはいえ、江分利満氏も、僕らと変わらない呑んべえだったんだなあ。「私の酒は飲めば飲むほどに強くなる、うまくなるという酒だから困る。(略)そのかわり翌日は廃人同様となる」の辺りでホッとする。そう感じた読者は、元の本を手にされるのが良いだろう。このエッセイ集では、例えばとら寿しは「やたらにうまかった」と、たった一行あるだけだ。

友人のおみやげ、南蛮趣味の包装紙の中のカステラは、病み上がりの胃の腑にしみじみやさしかった。そういう味わいの老舗がある長崎の寿司屋へ、ぜひ行ってみたいとまた思ったのである。

(グルメ文庫・660円)

※「とら寿し」は、二〇〇八年二月末日で閉店した。

第四十七冊

『歌で味わう日本の食べもの』　塩田丸男著

四季のある風土に暮らす幸せ

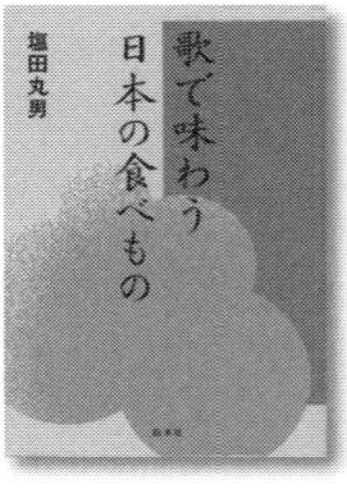

幸せそうだなあ、塩田丸男さんは。かなり前のことになるが、銀座のやきとり屋で見かけてそう感じた覚えがある。この店は、やきとりはもちろん、椎茸《しいたけ》やアスパラガスの串焼き、とりがらスープ、お茶わんに盛ったドライカレー、どれもこれも旨い。名前通りのまあるいお顔が、カウンター席でほころんでいた。

そんな風に命の食べもの尊さ、それを味わう喜びをよく知り尽くした人の、これはエッセイ集。和歌や俳句、童謡などを通じて日本人と食のかかわりを論じている。

夏の初鰹や鰻、秋の松茸や鮭、冬の河豚《ふぐ》や湯豆腐……。日本独特の短詩型文学に表れた四季折々の食べものを取り上げているが、今の季節はどうか。塩田さんは、春を感じさせる魚の筆頭として桜鯛や鰊《にしん》、鰆《さわら》の名を挙げつつ「私としては白魚を推したい」そうだ。

〈明ぼのやしら魚白きこと一寸〉。芭蕉の名句に枕草子冒頭の「春は、あけぼの」と呼応するものを感じつつ、「あけぼのの汽水から掬《すく》い上げた白魚の美しさこそ春を象徴する」という。この章からは、熊本の五高教授時代の夏目漱石の〈ふるひ寄せて白魚崩れんばかりなり〉も選びたい。特有の透き通る美しさを詠んだ絶品を味わうと、江戸っ子気質の文豪も、やはり日本の繊細な自然に育ったのだと思う。

一度、躍り食いを試みたが、はかなさの代名詞みたいな魚が、口中で跳ね回るバネのような勁《つよ》さにびっくりした。それだけに、この食べ方の残酷さが身にしみ、途中で箸《はし》を置いてしまった。

塩田さんが書いているように卵とじ、白魚飯、天麩羅、雑炊なんかが合うのだろう。それもいいが、行きつけの店で出してくれる仕事をした寿司もいい。蒸した白魚を握り、緑の笹の葉の上に載せたきれいな姿を前にすると、ああ、今年も春の到来だなあと思う。

「日本人は命がけで何でも食べてみる（略）勇敢な民族」という樋口清之の言葉を引いている。それと、三千万人の俳句人口を踏まえた塩田さん自身の「世界一の歌う民族」という言葉の重なる所に本書が生まれた。そうは思うが、そんな詩人があふれている国で自然破壊が続き、悲惨な事件が続発するのは、どうにも不思議でならない。

難しいことは、さておき、いろんな食べものが出てくる本にやきとりがない。歳時記をめくると冬の季語。やきとりはいつだっておいしいが、山鳥などを材料にした頃の名残りなのだろう。〈焼鳥に生きる楽しさなどを言ふ〉（細川加賀）。あのやきとり屋で塩田さんは、そんな喜びに満ちていたように見えた。


（白水社・1800円）

第四十八冊

『文士が愛した町を歩く』
ゆかりの地で名物を味わう

矢島裕紀彦著　写真＝高橋昌嗣

〈書を読みて、町へ出よう〉。本の帯にある惹句は、言うまでもなく、寺山修司が挑発的に言った〈書を捨てよ、町へ出よう〉のもじりである。活字離れの進む時代、才人の逆説的な言葉も意味を失ったという。

「半日ウォーキング」「週末小旅行」の二部十九章から成る本書は、ハンディな文学散歩の案内。第五章の「森鷗外『青年』に登場する鳥料理　谷中・上野」などのように、文人たちの足跡を辿る散歩は、ゆかりの地で名物を味わう旅でもある。

第一章は「子規の面影を偲び、団子を食らう根岸・日暮里」。根岸の里を終《つい》の住処《すみか》とした正岡子規は「病牀六尺」にあっても食欲旺盛、妹の律を名物の羽二重団子を買いに走らせたという。

団子は第十八章「『坊ちゃん』づくし、お湯と列車と名物団子　松山」にも出てくる。子規と夏目漱石、お互いを認め合った近代の巨人二人が、団子に縁があるのも面白い。僕も松山を訪ねた折、路面電車で「坊ちゃん」の道後へ向かった。温泉につかり、名物も食べたが、羽二重団子とは異なる味わいがあった。

路面電車は、第九章の「天才歌人の流浪の原点で蟹を買う　函館」にも出てくる。〈石をもて追はるるごとく〉

ふるさとを去った石川啄木にとって、家族を呼び寄せて暮らした函館は、束の間の安息の地だった。

函館へは何度も行き、この章に出てくる立待岬の啄木一族の墓や大森浜の啄木座像にも足を伸ばした。蟹を売っている朝市の風景写真を見て、思い出したことがある。

飛行機で青森空港へ向かったが、気象条件が悪く、函館空港に降ろされた。えい、ままよ、湯の川温泉に一泊、翌朝は函館名物・朝市へ。茹《ゆ》で上がった毛蟹が見るからによさそうだ。買おうか買うまいか、迷っていたら、「ほら、食べてみな」。なんと、店のおやじさんが、味噌をたっぷり抱えた甲羅と身の詰まった脚を一本、差し出している。「エッ、いいの」と言いつつ遠慮なくご馳走になる。味噌の芳醇なコク、白い肉のほのかな甘み。毛蟹に親しんだ北国生まれの舌にも、ウーンとうなるほど充実した味。思わず、「これで一杯あったらなあ」とつぶやいたら相手は「アッハッハッハー」と大笑い、「つき合ってやりてえが、まだ早過ぎるよな」と言った。

朝市が観光化していない三十年以上も前、いかにも北の大地の玄関らしい、開けっ広げな良さを感じた。もし、と言っても仕方のないことだが、啄木が函館大火に遭わず、この開明的な港町にしばらく腰を据えていたら、とつい思ってしまったのである。


（NHK出版・660円）

第四十九冊

『やっぱり美味しいものが好き』
美食への熱狂は恋愛感情にも似て

ジェフリー・スタインガーテン著
野中邦子訳

もう、四半世紀も前の話である。

取材で長期滞在したロサンゼルスで、寿司屋へよく行った。リトルトーキョーの日本資本のホテルに泊まって寿司屋、これじゃアメリカに来た甲斐がないと思いながら小体な店構えが気に入って通った。パーフォーマンス過剰のスシ・バーにならず、東京でもなかなかない寿司屋の正統を守っている感じだった。

ある夜、「ヘストンさんと入れ違いでした」と言われた。チャールトン・ヘストン。うーん、残念、ハリウッドの大スターと、付け台の前に並んで座れたかもしれなかった。「で、どんなものを食べたの?」と聞くと、「体を気遣ってるんですか、そんなにたくさんは……。ウニがお好きなんですよ」。「じゃ、それを」。ゆるんだところが少しもなく、ほのかな甘みのある絶品だった。

カリフォルニアの北の海底には、良質のウニがびっしり生息しているという。翌朝六時、店の前でおやじさんと合流、仕入れに同行させてもらった。白い、小さな平屋の中で、メキシカンの女性たちが殻からウニを取り出して選別している。殻の中からスプーンで掬《すく》って口にすると、うなるほど濃厚な味だった。

本書の「おいしいものには棘《とげ》がある」の章で著者のスタインガーテン氏は、最高級のウニを探してサンディエゴの白い、大きな平屋の工場を訪ねる。北のものは「水っぽかった」と言わせる南カリフォルニア産は、どんな味がするのだろうか。「甘くて新鮮で、（略）バラの花の芳香を思わせた」と表現している。

ハーヴァード・ロー・スクールなどに学び、弁護士から「ヴォーグ」誌の料理担当に転身したという。知識と実践、強靭な顎と胃袋を備えた最強のフード・ライターによる美食に関するエッセイ集。味覚の鋭さは、前作「すべてを食べつくした男」の京料理の章を併せ読むとよくわかる。

はたから見ていると、美食への熱狂は恋愛感情にも似て、時に笑いを誘う。完璧なウニを味わいたい一心でダイビングに挑戦しようと船に乗り、激しい船酔いに苦しむ。プロのダイバーが水揚げした逸品を手にやっと帰宅するが、昼寝とウィスキーで元気を取り戻し、ウニ料理に取り組む。天ぷら、パスタ、カスタード……詳細なレシピと腕前から伝わる食い意地の凄さに頭が下がる。

ダイビングスーツなんてなかった僕らの子どもの頃は、素潜りでウニをとった。冷えた体を震わせながら石で殻を慎重に割り指で掬ってペロンと平らげる。甘みを残して、ツルンと喉《のど》を滑り落ちていく。負け惜しみのようだが、この原体験だけは、美食の冒険家を上回っているかな。

（文春文庫・667円）

第五十冊

『タモリのＴＯＫＹＯ坂道美学入門』

坂を越えて名店に出会う

文・写真＝タモリ

タモリさんが副会長の〝日本坂道学会〟の会員は、たった二人。とすると、もう一人は会長か。たまたま出会った酒場でお互いの坂好きを知って意気投合、学会を結成したそうだ。遊び心に満ちた結成のいきさつ記したあとがきを読むと、会長は僕もよく知る坂道研究家の山野勝さんらしい。坂道の話をしながら酒を飲んでいると、ご機嫌な人である。「坂道歩きのブームの兆しがある」と聞かされたが、〝タモリ本〟を読んでその訳がよくわかった。

写真が素晴らしい。白いコンクリート壁に蔓《つる》のはう南欧風住宅群を抜ける渋谷の相ノ坂《あいのさか》、階段坂とも言われる目白の日無坂《ひなしざか》、木立が朝靄に包まれる四谷の鮫河橋坂《さめがばしさか》……。江戸の昔から、東京は坂道の町だった。素人は、つい人を配したくなるところだが、〝夾雑物〟を排した写真は、静謐《せいひつ》な感さえある。勾配や湾曲の向こうに、どんな世界があるのだろうか。

坂道鑑賞のポイントとして、勾配や湾曲の具合に加え、江戸の風情が残り、名前に由緒があることを挙げている。なるほどなあ、ただ平らな所を歩くより楽しめそうだ。知的好奇心を満たしてくれる上、健康志向にも適《かな》う。安上がり。ブームの気配があるのもわかる気がする。とくに、人生の山坂を越えてきた中高年カップルの過ごし方として悪くはないだろう。

けれど、それだけじゃあ、物足りない。快い汗をかいた後は、やはりおいしいものを前に乾杯したい。そう思ってページをめくると、各章ごとに写真入りの「お立ち寄りスポット」がある。

富士見坂、団子坂、三崎坂などの谷中、根岸、千駄木界隈は隠れ家みたいないい店が多いが、情緒ある日本家屋の串揚げ屋「はん亭」が載っている。オッ、小倉アイスモナカの「芋甚」も出ている。昔風の、さっぱりした甘さがなつかしい。

暗闇坂や七面坂、大黒坂などに味わいがある麻布十番。古風と新奇が交じる商店街が好きで僕も行くが、ぶらぶらしてから「麻布十番温泉（※）」にザブン。重曹泉で汗を流した後、舞台もある広間で中高年や外国人の客とともにくつろぐ。「茶褐色ですが、入れば入るほど色白で肌きめ細かく美人、好男子になります」の張り紙を読み、思わず周りの顔を見てしまう。

軽くビール、それから「永坂更科」総本店へ。まだ明るいうちの酒を、そばで仕上げる頃には身も心もほどけてくる。運よく買えた十番名物「浪花家総本店」のたい焼きを手に帰りの電車に乗ると、いい半日だったなあと思う。そういう店も含め、勘所《かんどころ》を押さえた本書は、坂道歩きのよき案内になるだろう。日本百名山の頂上の、混雑と言うしかないなブーム、それは御免だが。

（講談社・1600円）

※麻布十番温泉は、二〇〇八年三月いっぱいで廃業した。

第五十一冊

『マリモ　酒漬けＯＬ物語』　山崎マキコ著

酒に溺れ、酒に救われ

「酒も人生のごとく、うまくいかないもので、その難しさのなかに、またおのずから醍醐味もうまれるのだろう」。前に取り上げたエッセイ集、小説家たちが酒とのつき合い方をこもごも語った『酒中日記』の中の陳舜臣氏の言葉である。

ホントにそう思う。酒を飲み続け、四十年余。年のせいで回数は減ったものの、それでもたまに二日酔いになる。午前中は自己嫌悪に陥っていたのに、夕方になると「今日は、もっとうまい飲み方をするぞ」と思って、また〝出撃〟するのだから、我ながらあきれる。

というわけで、前回に続いて酒のお話。頭痛、胃痛、吐き気、前夜の記憶の喪失……。二日酔いの朝から始まる『酒漬けＯＬ物語』の飲みっぷりは実にまあ、凄まじい。

主人公のマリモは、二十四歳の食品会社開発部員。〝カレー味の納豆〟という首をかしげる新製品の企画を押し付けられて失敗、責任逃れの上司に在庫管理の閑職に追いやられる。いっそう酒浸りになり、「どうしてそんなに激しいんです」と気づかう一年下の坂上クンの想いをよそに、酔って階段から転げ落ち、救急車で運ばれたりする。

マリモの激しくも不器用な生き方を描いて、筆に勢いがある。会社内のいびつな人間関係や不本意な仕事にストレスを感じているＯＬやサラリーマンに、共感を覚える向きも多いだろう。

一転断酒し、有機野菜の宅配会社に転職する辺りから、物語は自分の居場所探しの様相を帯びるが、ナイーブな余り、そこでも利益優先を隠して生産者に接する立場に後ろめたさを覚える。そういう折につけ、高校時代に引きこもりだった自分の存在を認めてくれた教師のことを思い出す。

訪ねると、先生は重い病床にあった。かつて、「蝉《せみ》にならずに生きる道はないのだ」と殻の中から抜け出す勇気を教えてくれた人は、その時と同じ静かな口調で、マリモと同年齢の頃にある挫折からアルコール依存症になったことを明かす。

学生時代、僕にも酒飲みの恩師がいた。

新聞社の論説委員をしながら、講師として大学に教えに来ていたのだが、その先生と同じ新聞社への入社が決まったので挨拶に行ったら、こう言われた。「酒を飲んじゃいかんよ。飲み過ぎると、その晩ばかりか、次の日も駄目にしてしまう」。入社してから、先生が社内でも知られた大酒飲みだと知って意外な気がしたが、飲んだくれて失われる時間の大きさを自戒をこめて諭してくれたのだ、と今になって思うのである。

マリモと違って、ズーーッと飲み続けてきた僕は、いつの間にか、あの頃の恩師の年齢も超えてしまった。

（新潮文庫・552円）

第五十二冊

『ニッポン駅弁大全』　小林しのぶ著

土地の食材の味をどう保つか

四月初旬、所用で青森市へ出かけた際、新幹線から東北線に乗り継いで行った。飛行機で一時間余のところを、四時間半かけて電車で行った訳は駅弁にある。八戸駅のホームで買う「八戸小唄寿司」。三味線の胴に見立てた容器の中に、締め鯖の銀色がかった青と鮭の紅色が鮮やかだ。撥《ばち》を型どったヘラで切り分けて賞味する。何十回も食べたが、飽きない。

手元に残る「(昭和)63・8・9」とある掛け紙を読むと、地元のアイデアグループが、民謡の「八戸小唄」をヒントに考案、それを駅弁化したという。当時八百円。今は千五十円になってしまったが、脂の乗った充実感は変わらない。青森までの一時間、冬から春に移る景色を楽しみながらたっぷり味わった。

小唄寿司を含め、本書が紹介する駅弁は五百三十四。老舗の名物から最新の話題作まで、四千回駅弁を食べ、「駅という小宇宙のなかに、ひときわ輝く星が駅弁だ」というトラベルジャーナリストの駅弁賛歌である。

焼かにめし、明石たこやわらか煮、山菜栗おこわの特殊弁当。極上松坂牛ヒレ、加賀野立、まるごとあわびの高級弁当。どれも魅力的だが、基本形は幕の内にある。駅弁三千種。著者は、「迷ったときには幕の内弁当を選べ」

という。そんな実用的な案内書だが、コラムを読み、写真や駅弁分布図・リストを眺めるうち、食文化の比較論にもなっていると気づく。

「鯛めし&鯛ずし」の項を見ると、やはり西に多く、東端は新潟駅「小鯛寿司」。意外なのは、千葉駅「房総の味　いせ海老で鯛弁当」。鯛が千葉の県魚とは知らなかった「鮭&鱒」は東が優位。「東のウナギ、西のアナゴ」と言われるが、江戸前アナゴ復活のせいか、東でもこの駅弁が増えたそうだ。流通の発達もあって混淆は進むのだろうが、土地の食材の味をどう保つか、駅弁ファンには気になるところだ。

ヒカリものが好きなので「鯖ずし」の項を見ると、これは鯖街道で運ばれた歴史のせいか、京都中心に西の方に多い。いつだったか、友人夫妻と二組四人で京都に遊んだ帰り、老舗の店頭で鯖ずしを二本買った。車中、旅の終わりの宴を楽しもうと開けたら、なんと棒のまま。ナイフの持ち合わせはない。乗務員も刃物は置いていないという。それはそうだ。「僕らのいでたちや話から、新幹線で食べるのがわかりそうなものだが」とぶつぶつ言うと、元々は京生まれのボンである友人が「それが、京都のイケズや」と憮然たる表情でつぶやいた。

今は京都駅の構内でも売っている。きっと、食べやすくしてあるのだろうが、意地でも買う気になれない。本書にも載っていなかった。

（文藝春秋・1429円）

第五十三冊

『吉本隆明「食」を語る』　吉本隆明著　聞き手　宇田川悟

意外にも職人的な考え方にうなずく

対論集のような聞き書きを読むうち、ブリア・サヴァラン『美味礼賛』の中に出てくる言葉を思い出した。「どんなものを食べているか言ってみたまえ。君がどんな人であるかを言いあててみせよう」（関根秀雄、戸部松実訳）。吉本隆明氏、八十歳。評論と詩を両輪に活動をしてきた思想家の核心に、「食」という根源的なテーマで迫るユニークな試みである。

「左右のイデオロギーを超えたところにいる巨人」に対し、宇田川悟氏が「下町育ちと食い意地とテレビ好きとフランスへのこだわりだけは共通点」を頼りに切り込んでいくが、総じて父親が息子に問われるまま、愉快に自分の人生を語っているような感がある。

テレビのグルメ番組、フランス料理、食糧自給などへの両者の感じ方の微妙な違いが見えて面白いが、本書の手柄の一つは、思想家の背景にある職人的な考え方を明らかにしたことにある。

「文芸作品を作るやつは職人芸なんだ、僕らはやっぱり手でやるんだ。手で書くんだ、手で考えるんだ」と言い、料理人に共通性を感じているようだ。道場六三郎氏を例に「手を動かしていて瞬間的にふっと出てくることって

いうのは詩の場合非常に重要な要素になるわけです。それと同じことがこの人には感じられる」と見ている。

そういう考え方の根っこは、両親が造舟所を営む東京の月島という職人的な環境で培われたのだろう。食べ物の好みもそうだ。「カレーライスとトンカツ、それと煮物」が、氏の世代の基礎的な食文化だそうだ。単純、素朴、実にいいなあ。

月島はもんじゃの町になったが、今も隠れた名店があり、レバカツも旨い。けれど、「まずくはないけど、(今はない)三浦屋さんにはかなわない」。思い出の味が加味されているのかもしれないが、なつかしい土地柄での記憶の集積には羨しさを覚える。広範な問題への関心と発言のベースに、食いしん坊の好奇心があるようだ。

「家庭をまとめる第一番の要点は、料理で納得させられなければだめだって思っている」。食べ物は第一義の問題とする立場から「第一次産業、(略)これが一番肝心だよなと思います。これの解決がついたら、(略)ほとんどすべてのことが解決する糸口になるよ」とも言う。まっとうな意見に、世の中、そう複雑に考えることはないよと励まされた気がする。

夫人の身体が弱いせいもあって、職人気質の人は三年ほど台所に立ったが、深みにはまりそうでやめたそうだ。自慢料理の一つは、カレー。欲を言えば、それを宇田川氏に味わってもらい、評を聞きたかったナ。

(朝日新聞社・1600円)

第五十四冊

『志ん生人情ばなし』　古今亭志ん生著　小島貞二編

「千両みかん」も載せた本の安さよ！

真夏のような暑さになったゴールデンウイークの頃の話である。買い物から帰った家人が、ぶつぶつ言っている。「ああ、驚いたわ。もう、温室もののみかんが出てるんだもの」。「買ったのかい」と聞くと、指で五百円玉より大きめの輪をつくり、「こんなちっちゃなのが三つ、それで八百円よ。そりゃあ、手間暇はかかってるんでしょうが、千両みかんじゃ、あるまいし」とかぶりを振った。

その二、三日後、本屋で「志ん生人情ばなし」を見つけた。「千両みかん」も載っていて、八百八十円。温室のみかんとほぼ同じ値段だが、この方がより楽しめそうだ。

古今亭志ん生が健在だった頃の高座には間に合わず、本やビデオ、テープで知るしかないが、破天荒の名人には酒の逸話が多い。古典落語「千両みかん」も、関東大震災の時、皆が逃げ出した酒屋で升酒をあおったという、伝説の体験談を枕に振って始める。

さる大店《おおだな》の若旦那、土用の八月にみかん食べたさが高じて寝ついてしまう。座敷中をみかんにしてみせると請け負った番頭に、大旦那が「ミカンがないとなると、伜はそれからガッカリしちゃって、もうこの世のものじゃないよ。そうするとおまえは伜を殺したことになるよ」。主《しゅ》ゥ殺しと言われ、大あわて。冷凍もハウス栽培もなかった江戸の頃を背景に、シュールなおかしみがある。

みかんを探す先々で、「何月だと思ってンだ」と馬鹿にされ、神田多町の問屋の倉に一個だけ見つけるが、これが千両。十袋のうち七袋食べた若旦那が「一袋をお母さん、一袋をおとっつぁん、あとの一袋を、おばあさんに」と預ける。番頭、そこで考えた。

「あたしは、『十三の年から奉公して、来年は自分の体になるけど、ご主人からもらうのは、せいぜい三十両……よく呉れたって五十両……（略）えいッ、どうなるものかいッ！』てンで、この三百両……三袋のミカンを持って、番頭ォ夜逃げしたといいます」――。

この噺《はなし》は、下町風俗を描いて定評のあった漫画家、滝田ゆうの名著「落語劇場」にもある。こちらの三袋は二親《ふたおや》と、「番頭さん、お前にも一袋」――。若旦那の気弱さが出ているが、みかんの袋を手に番頭を遁走させる大店の若主人の酷薄さ、ナンセンスの魅力という点で〝志ん生本〟が上のような気がする。

三個八百円の温室みかんは、確かに近所のスーパーにあった。買って帰って味わうと、甘過ぎるほど甘い。糖度を高める技術に感心しつつ首をかしげたら、家人に「味じゃない、季節感の問題なのよ」と言われてしまった。そうか、「千両みかん」は、季節感あってこそ成り立つ噺であったのだ。

（ちくま文庫・８８０円）

第五十五冊

『岸本葉子の暮らしとごはん』　岸本葉子著

三食作って、病後をコントロールする

人気エッセイストの食生活の本に、外食のシーンは出てこない。

例えば、ある日の食事――。「（朝食）レンズ豆と根菜のスープ、全粒粉のパン（昼食）サケのハラス、グリーン温サラダ、なめこと栗麸の味噌汁、雑穀入り胚芽米ご飯（夕食）湯葉としいたけの煮物に春菊を添えて、具だくさんの味噌汁、ひじきと根菜の炊き込みご飯にちりめんじゃこをかけて」。出張などで例外はあるが、「三食、家で作ります」という。

四十歳で大きな手術をした岸本葉子さんは、こう考えた。「いったんくずした、体のバランスを取り戻すには、（略）自分で修復する力を、つけていかないと」。軽い運動と睡眠、そして食事……。日に三度摂るものだけに「工夫のしがいも、ありそうだ」と思ったという。

食材は厳選。塩、醤油、味噌、植物油の基礎調味料も天然醸造や添加物のないものに限っている。素材を生かした料理のレシピと写真を見ると、シンプルゆえの滋味が伝わってくるようだ。自然体で生活をコントロールする勁《つよ》さに感心するが、それにしても取材や執筆活動の合間に一人でよくやるものだ。エライ！

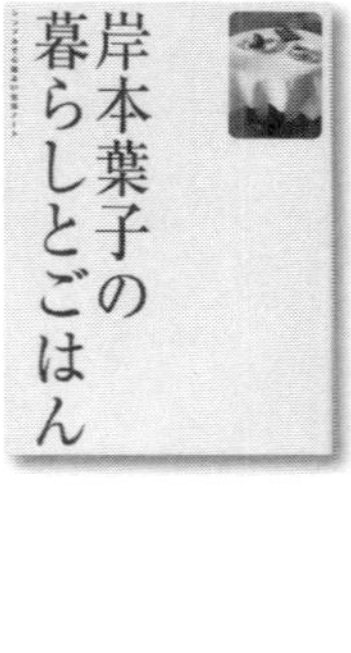

本書を読んでいるうちはしご酒に我を忘れた昨夜の所業を思い出し、恥ずかしくなる。

前にも触れたが、去年の秋、初めて手術というものをした。生来の酒飲み、退院する時にお医者さんに恐る恐る、しかし真っ先に「お酒は?」と聞くと、「構いませんよ。普通に生活してください」。うれしかったが、さすがにすぐには飲む気になれず、五十八日間一滴も飲まないでいたのに、今はまた元に戻りつつある。

たまに夜の街に出ると「ああ、あの店にもしばらくご無沙汰しているなあ」と、つい勢いがついてしまう。そんなわけで、夕べのはしご酒。おろかにも、〝失われた五十八日〟を取り戻そうとしているかのようだ。病気への免疫力を高めるため、節制しなければならない身なのに、我ながら意思の弱さが情けない。

酒飲みの自己弁護みたいになったが、それに比べ、岸本さんは生活全般にわたって自分を律し、しかも無理がない。「自分にとって快いもの、落ち着けるもの、たしかと思えるものを、みつけていく」。日常の器、元気の出る色彩、着心地のよいふだん着の選び方に美的なセンスさえ感じる。「食材ひとつひとつの味が、前より少し、わかるようになった」のは、芯の通った丁寧な暮らしぶりの結果なのだろう。

前作の闘病記『がんから始まる』も合わせ、いや、勉強になった。反省しながら読み終え、穏やかな気持ちになっている自分に気づいた。


(昭文社・1600円)

第五十六冊

『日本はじっこ自滅旅』 鴨志田穣著

酒の海に漂ううち、見えてくるもの

旅の喜びは、思いがけない人や風物との出会いもそうだが、行く先々の食べ物と酒にある。列島のはじっこの半島や島のような所まで行ったら、鯛焼きのしっぽみたいな妙味がありそうだ。

そう思いつつ読むと、ただならぬ気配だ。そうか、「自滅旅」か。前回の『岸本葉子の暮らしとごはん』で病後の自分を律する柔らかな暮らし方に感じ入ったが、今回はその対極のような破滅的な酒と旅の本である。

厳冬の能登半島へ向かう列車を待つ間、金沢駅の食堂街のおでん屋に入る。朝十時。おじさん三人、一席ずつあけて飲んでいる。この間隔、なんとも言えないなあ。行きつけの店で言葉を交わしながらやるのもいいが、ふらりと入った初めての店で黙ってやるのもいい。

お互い知らないのに、飲み方が微妙に影響し合う。二本目を注文した鴨志田穣氏（※）に刺激され、ビールをチェイサー代わりに酒を飲んでいた人が、空になった酒のコップを「トンとカウンターに音を立てて置き、一瞬の沈黙のあと、『酒！』と一言」。釣られて、旅人も四本飲んでしまう。

これは、序の口。薩摩半島から種子島、加計呂麻島、与論島、そして一転、黒潮伝いに銚子へと歩くうち、飲

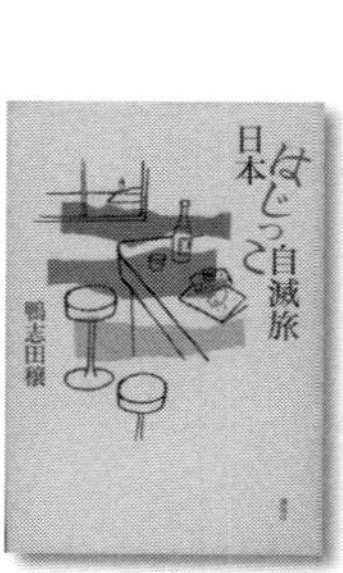

み方が凄みを帯びてくる。断続的な旅の間、入院七回。離婚もしたらしい。銚子で大酒盛りの挙げ句、大吐血して意識を失う。気がつくと、医師の「もう一か所出血していたら」という声が聞こえてくる。

漂ううち、しかし見えて来るものもある。列島各地の夜に、なんと多くの外国人女性が働いていることか。イスラエル、ルーマニア、タイ、フィリピン、ロシア……。夢を実現するためか、夢を失ったためか、酒場の彼女らのありように旅人は引かれているようだ。

その一方、彼女らの働く地方はさびれていく。男鹿半島に行った帰り、大曲駅でこんな風景を見る。新幹線のホームで、おばあさんが手を振っている。車内には夫婦と小さな子どもたち。何か言っている孫たちにうなずきつつ、目頭をぬぐう。新幹線が去っても、老女は雨にぬれながらポツンとたたずんでいる。東京へ心が急ぐ車内の家族に、その姿はもう見えない。

そんな風景を目にしては酒に溺れる旅の中で一番旨そうだったのが、男鹿の民宿の朝食。焼き魚、玉子焼き、ひきわり納豆、いぶりがっこ、もっちりしたご飯、岩のりたっぷりの味噌汁。健康的な日本の朝飯の効果か、「体の異常なむくみも取れ始めてきていた」。こちらもホッとする。

お節介のようだが、しばらく一所に落ち着き、酒抜きの食生活に戻ったらどうでしょう。四十歳そこそこの人らしいが、人一倍酒を飲んでそれでも還暦を超えた身から見ると、もったいない。島も半島も逃げないよ。

（講談社・１５００円）

※鴨志田穣さんは、二〇〇七年三月二十日、腎臓ガンのため死去。享年四十二。

第五十七冊

『おいしい　おいしい』　大橋歩著

結局は、「家でつくるのが一番」か

大橋歩さんと言えば、僕らの世代は「平凡パンチ」の表紙絵を思い出す一時代を画したイラストレーター。エッセイスト、雑誌編集人でもあり、その多彩な活動からしてどんなにおいしいものを食べているのだろうと、やはり外での食事を想像してしまう。

和食、イタリアン、中華、インド……いろんな料理店で友人たちと楽しむシーンもあるが、意外や、この本は「家でつくるのが一番と近頃思います」と始まる。「外食では絶対に野菜が足りないのです」。そのせいか、外食が続くと、体に異物がたまった気分になるそうだが、その点、「手はかかるけれど、家の食事は不思議とあきないし安心です」という。外でばかり食べていると、確かにそんな気がする

日本のレストランのフランス料理は、あまり好みではないようだ。「手がこみすぎて、味が複雑すぎて、それから重すぎますもの」。その大橋さんが、小田原漁港そばのフランス料理店のランチに大満足しているが、それが「ステラ・マリス」と知って納得した。

小田原の風光が好きでよく遊びに行っていた十年以上も前、漁港へも足を伸ばしたが、そこにいい感じに見え

るフランス料理店があった。相模湾の魚をうまく使っているのかなあと気にしながら、いつも街に戻ってなじみの店で飲んでいるうち、その店、「ステラ・マリス」は姿を消してしまった。心残りであった。

去年、知人に招かれ、東京・芝のホテルにあるレストランで会食した。重過ぎず軽過ぎず、フランス料理の伝統を踏みながら野心的な創作料理である。完璧なフルコースを堪能し終えたら、シェフの吉野建氏が現れた。口ひげの似合う表情に精気があふれている。小田原で「ステラ・マリス」を営んでいたと聞いてびっくりした。好評の店を閉じて再渡仏、パリで同名のレストランを成功させ、東京でも「タテル ヨシノ」を開いたのだという。

野菜をはじめ素材がいい。そんな感想を率直に言うと出身の喜界島の材料を生かしているという。広い舞台で活躍しながら、故郷への思いが強い人のようだ。

それで、野菜の摂取に敏感な大橋さんの口にあったのかもしれない。漁港に近い店で値段の手ごろなランチを味わっていたのだから、炯眼《けいがん》であったのだ。一度も入らなかった自分が、今になって悔やまれる。

様々な外食体験を経て、大橋家の「台所はフル回転」。親しい者、特に夫婦は「出来るだけいっしょに食事することです」と説く。夜な夜な、男だけの酒席に溺れがちな身としては、耳に痛い。心すべきことである。

（集英社文庫・600円）

第五十八冊

『相模湾のうまいもん』　玉井恵著

友の遺徳で湘南の幸を楽しむ

「三崎方面はアジやサバ、カタクチイワシなどの青魚、葉山方面はヒラメやカサゴなどの白身魚、横須賀方面はメバルなどがよく売れる」。昔天秤《てんびん》、今軽トラック。魚の行商八十年以上の小売商の話だが、何となくわかる気がする。相模湾の地域と言っても実に多様、しかも海は広く深いのだ。

富山湾や駿河湾と並ぶ日本三大深湾の一つである相模湾は、入り口の広い開放型。その範囲に決まった定義はないが、玉井恵さんの感覚では西は真鶴から、東は城ヶ島までを指すという。

富山湾のホタルイカ、駿河湾のサクラエビのように一つの魚がまとまってはとれるわけではないが、食用の魚介類は二百種以上にも。三崎のマグロ、松輪のサバ、長井のイワシ、佐島の真鯛、小田原のアジ……。目移りするほど地魚を楽しめる土地柄なのに、毎日食べる沿岸在住者は六・四%。実にもったいない。漁師、市場の仲買人、鮮魚店、飲食店の各段階を取材した本書に、身近な魚食文化を取り戻そうとする心意気を感じる。

単なるガイドブックではないが、湾の魚を使った料理屋、寿司屋、レストラン、民宿など約五十店も紹介されている。恐らく湘南一帯には地元の人だけが知るいい店が、もっとあるのだろう。

鎌倉へ行くと、僕は小町通りのにぎわいからちょっと脇へ入った小料理屋「尾崎」に立ち寄る。季節によるが、生シラス、メジマグロ、ワカメ、タコなどの地の物を味わいつつ一杯やる。アジ寿司は本書に出てくる、僕もよく行く小田原の「だるま」の活アジの寿司に勝るとも劣らない。たまに「シケで船が出ていませんので」と言われてがっかりさせられるが、それだけ誠実な商いをしているとも言える。

相模湾産では、サバも格別の旨さである。

鎌倉の腰越に住む学生時代の友人が早逝し、もう何年になるか。毎年、四月初旬に十人前後の仲間が集まって法事をしているが、いつの頃からか、しだいに花見の趣を帯びてきた。ウグイスがのどかに鳴き、窓越しに湘南の海が光っている。

学生仲間でもあった細君に近所の人が手伝ったご馳走が、テーブル狭しと並ぶ。もちろん、魚は腰越の海のもの。なかでも生とも燻製ともつかないサバがいい。寒サバの時期は過ぎたのに、よく乗った脂とスモークの風味が溶け合って、えもいわれぬ味わいがある。

こうして年一度、旧友が揃うのも彼のお陰だなあと感じながら、それにしてもと思う。湘南の恵まれた環境で、もう少し酒と魚を楽しませてやりたかった、と。今年の会の後、細君がこう言った。「みんな、段々に飲めなくなったし、食べなくなったわねー」。いつまで続くだろうか。

（東京書籍・1900円）

第五十九冊

『風味絶佳』　山田詠美著

食欲と、性愛の描写がギラリと光る

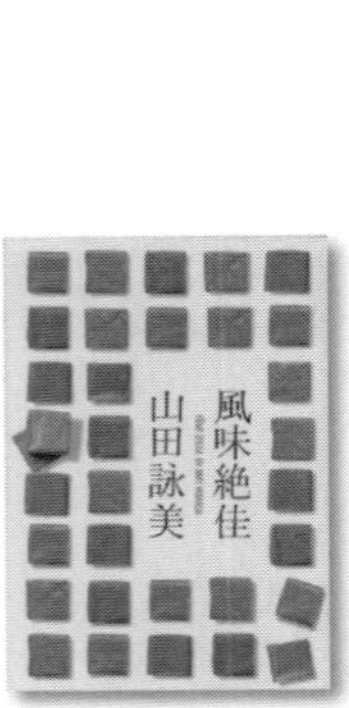

高野豆腐、がんもどき、しいたけ、彩りのきぬさや……。わが家では煮物がよく出る。「こういう食べ物って不思議ねえ。子どもの時にはわからなかったおいしさだわ」。「また定番かあ」と思いつつ、家人の言葉に黙ってうなずいてみせる。

表題作の〈風味絶佳〉にも出てくる。同じ給油スタンドで働く女性が、「ゆっくりと手間をかけて煮含めたものっておいしいねえ」と目を細めて言う。「それ、おれのことを言っているわけじゃないよな」「ええ？　高野豆腐だよ。私、お出汁が染み込んでるものが好きなの。おでんのがんもどきとかも好きよ」。そんな風に、若い二人は親密度を増していく。

食べ物がテーマの物語ではない。「肉体の技術をなりわいとする人々に敬意を払って来た」という著者が、汚水槽の清掃事業者や葬儀会社の従業員らを描いた短編の連作集。筋肉の収縮の手応えとともに、濃密な性愛の様相が匂い立ってくる。

〈海の庭〉のおかしな味わいに惹かれる。独身の引っ越し業者が、離婚した幼なじみとその娘に出会う。仕事

の時は「身のこなしに無駄がない」のに普段は不器用な男と、「いつも心細い思いをしている」ママ。おずおずと初恋をやり直しているような二人のやりとりを見ていて、娘は自分と男の子たちとの関係が味気なく思えてくる。その娘と、トッピングたっぷりのアイスクリームをなめながら話す中年男の風情がいい。

いろんな場面で、食べ物が生きている。〈間食〉の「人間は、おやつを食べるから動物とは違うかも」という〝発見〟にはびっくりした。そうか、三度の食事よりおやつの好きな家人は、僕より人間らしいのか。

この章の主人公は、十五歳も上の女と満たされて暮らす一方、女子学生の住むアパートに通う若い鳶職。「丸々として、つやつや光る」仔豚のような彼女を「齧《かじ》んだり、羽交《はが》い締《じ》めにしたり、つねったり」してかわいがる。「彼は、肉の中で豚が一番好きだ。特に、脂身がうまい」と続く表現に、読んでいて喉《のど》がゴックンと鳴る。ロースのとろけるような旨味が、口中にあふれてくる。

ごみ収集の手際に魅せられた人妻が、空疎な夫との生活を捨てて清掃作業員の懐に飛び込む〈夕餉〉の描写には圧倒された。料理の才能に目覚め、男のために次々並べるご馳走が輝いている。

六つの物語はそれぞれ独立しているが、滑らかで弾力に富んだ多頭の蛇の如く、ギラリとうねっている。パワーを秘めてお見事。性愛の裏側に張りついた食欲の存在を、改めて思わされる。

定番の煮物も悪くはないが……。おーい、カミさん、ミラノ風カツレツにミネストローネ、なんていうのも、たまには食べたくなったゾ。

（文藝春秋・１２２９円）

第六十冊

『最高の江戸前寿司を召し上がれ』

よき女将の支えで名店は続く

東京ガス（株）都市生活研究所編

寿司っ喰いとしての勉強ぶりがすごい。寿司めしとたね、わさびなどが一体となった味、握りの技術へのこだわりもそうだが、店の心地よさを重視しているのがいい。客の気持ちを大事にしない店は除外したという。確かに、大枚はたいて威張られちゃかなわない。

そんな執筆者（西山昭彦氏）による本書の第三章「頂点を極める寿司屋を楽しむ」で取り上げた二十店は、どの角度からも最高水準の店なのだろう。四店しか行ったことがないが、味、雰囲気とも申し分なかった。

この章の冒頭に、銀座八丁目の路地にある「小笹寿し」が出ている。本に紹介されて、また混むのかなあと気をもみながらも、ひいきの店が評価されるのは、やはりうれしいものがある。

すべすべした檜《ひのき》の一枚板のカウンター席だけの清潔な店内。その前に立つ寺嶋親方は、「銀座にあった名店『小笹寿し』で小僧の頃から鍛えられ74年に独立。十年前に再びその店を銀座に復活させた」人である。

最初の銀座時代の寺嶋さんの師匠に当たる親方が、曲折を経て下北沢に開いた「小笹寿し」によく通った。今は亡き岡田親方のことは前にも触れたが、客としての立ち居振る舞いを教えられた。たまにこちらが反撃に出ると、豆絞りの似合う大入道のような顔をほころばせる。こわそうでいて、なんとも言えない愛嬌があった。

一度持った自分の店を寺嶋さんが閉じて、下北沢で手伝っていた時期もあった。岡田親方の脇でサウスポーの名手と言われ、その後桜新町で店を構えた板前が切れ味鋭い仕事で支え、寺嶋さんはいわば三番手であったが、穏やかにしっかりと務めていた。

意を決して銀座に店を構え、もう十年になるのか。岡田さんに職人として鍛えられた寺嶋親方の店に、客として鍛えられた僕が吸い込まれるように入ったのも、何かの縁みたいな気がする。

師匠に比べ、寡黙と言っていいかもしれない。寿司職人の誇りを、いつも実直な表情に包んでいる。女将《おかみ》が時々、親方と客の間をつなぐ。西山さんは、「気風がよくて温かみがあり、ご主人との呼吸の合ったやりとりは見ていて本当に気持ちがいい」と感じ入っているが、その通りだ。

そう言えば、線の太い歌舞伎役者のような岡田親方には品よく控え目な女将がついて、店の雰囲気をやわらげていた。親方と女将。組み合わせは千差万別だが、女将のよき支えがあって名店が続くのだと思う。

気鋭の親方二人が白熱した対談をする第一章、語り口がまことに美しい「宮葉」親方のインタビューの第二章も読みごたえがある。単なるガイドブックとは一味違うゆえんである。


（生活情報センター・１５００円）

第六十一冊

『物情騒然。　人生は五十一から④』　小林信彦著

同じ好みを知ってうれしくなる

どういうわけか、家人が愛読している作家の本には手を出しそびれることがある。小林信彦氏のものもそうだ。今さら追いつけないということもあるが、相手が〝小林本〟を語る口調から伝わる「志ん朝師匠への気持ち、言葉やユーモアの感覚、含羞《がんしゅう》……。これ、わかるかしら。東京っ子じゃない、あなたに」という感じが癪《しゃく》に障《さわ》る。言い合ってもかなわないので、つい隠れ読みをしている。

『東京散歩昭和幻想』（知恵の森文庫）をコソコソ読んでいたら、「信じられないわ。小林サン（家人はこう言う）とあなた食べ物の嗜好がそっくりよ」と飛んで来て、『物情騒然。』の「粗食のススメ」の章を指さした。脇に隠した本をチラリと見て、「あら」と笑う。憎ったらしい。

『物情騒然。』には「歳をとると、食生活が幼年時に戻るのだろうか」と好みの〈粗食〉を並べている。「ハムエッグを食べる時に、（略）ハムと卵の白身を食べてしまい、残った半熟の黄身を熱いごはんにのせ、醤油をたらす」。小林さんはフキノトウを辛く煮た佃煮ものせて一気に食べるらしいが、僕は焼きノリを散らしてかき込む。これがまあ、なんとも旨い。

「油揚げの中にチーズとネギの千切りをつめて網で焼く」。僕はシラスとネギを詰めるが、そうか、チーズの手もあったか。「酒、ごはん、どちらにでも合う」。ああ、喉《のど》が鳴る。「ソーメンのつゆの中に梅干しを入れ、箸でほぐしておいて、ソーメンをつけ、七味唐辛子をかける」。これこれ、これが、真夏の食欲を刺激する。

よく似た好みに一方的な親しみを覚えたが、一回り年下の僕にはこれでは物足りない。「粗食を五日か六日やって、ステーキやウナギを一日──というのがぼくの計算だが、なかなか予定通りにいかない」のくだりを読んでホッとした。「白アスパラの季節だし、鱧《はも》も出てくる」と続け、「どうしたらいいのでしょうか?」と結ぶ。戸惑っているような恥じ入っているような、この感じが小林ファンにはたまらないのだろう。

本書は、週刊誌連載エッセイの二〇〇一年分の文庫版。中でも、古今亭志ん朝の早過ぎる死がもたらした喪失感の吐露が身に染みる。「風のごとく」逝った山田風太郎を哀惜する筆もいい。今読んでもうなずかされる〈9・11〉の年の情勢への論評もあり、いわゆる食味エッセイではないが、「肉ジャガは、本当にお袋の味か?」の章のように食べ物を通じた世相批評に妙味を覚える。

おや、本棚の『東京散歩昭和幻想』が、いつの間にか消えている。そうか、テキはまだ読んでなかったのか。先行した快感を味わう。

（文春文庫・619円）

第六十二冊

『池波正太郎への手紙』　佐藤隆介著

時間の止まったような街で小説家の声を聞く

池波正太郎の書生を務めた佐藤隆介氏が、夕刊紙の連載で亡師に捧げた手紙形式のオマージュを本にまとめた。小説家が愛した五十四の名店を再訪、その「食の軌跡」を通じて、食べることを大切にした人の生き方そのものを見ている。

銀座や浅草の店が多いのは当然ながら、神田淡路町と須田町の一角だけで四店取り上げている。洋食の「松栄亭」、そばの「まつや」、フルーツパーラーの「万惣」、汁粉の「竹むら」。他にもいい店のある土地柄のことには前にも触れたが、震災や戦災、バブル期の地上げなどを経て、よくまあ、残ったものだ。

かつては連雀町と呼ばれた界隈に惹かれ、僕も三十五、六年前から、多い時は週二、三回も出かけた。「まつや」や「やぶそば」で一杯やり、「竹むら」で揚げまんじゅうを求めたりしたが、一番通ったのは「松栄亭」だった。名物は、「漱石も食べた」洋風かき揚げ。本書にもある通り、「松栄亭」の初代が、東京帝大の教授だったケーベル博士の料理人だった頃、来訪した夏目漱石のために考案したという。

姪の夫婦をこの店に案内した佐藤さんが、食後に「コーヒーでも」と思った店は、「ショパン」ではなかろうか。

昔風の濃い味がうまい。「松栄亭」の二代目が健在だった頃、コーヒーを注文したお客に「ご近所にいいお店がございますから」と答えているのを何度か耳にしたことがある。池波正太郎は、そういう気遣いのできる店や街のたたずまいが気に入っていたのだろう。

チョッキ姿の、今は亡き「ショパン」のマスターは、昼の混んだ時間を外して「松栄亭」のカウンター席に就き、いつもかつ丼を注文していた。溶き卵をかけ回したのでなく、ソースかつ丼。どうやら、マスターに限っての特注品らしい。おいしそうなので一度食べたかったが、領域を侵すような気がして注文したことがない。

「まつや」の主《あるじ》も度々見かけるが、こちらはオムレツとライス。シンプルで、どことなく洒落ている。主客互いに軽口をたたき合う様子が、いかにも下町らしい。

神保町の本屋街を歩いた後、久しぶりに「松栄亭」に向かう。この移動が、幸せなひとときである。ポテトサラダとかき揚げでビール小瓶と酒を各一本、それからドライカレーで仕上げた。店の空気も料理の味も、十年一日の如く変わらないのがいい。

コーヒーが欲しくなって、「ショパン」へ。ステンドグラスのある落ち着いた空間に身を置き、濃い味を楽しみつつゆるやかなレコードの調べに耳を傾けていたら時間が止まったようだ。「それがいいんだよ」。ふと、小説家の声が聞こえたような気がした。

（ゴマブックス・1500円）

第六十三冊

『俺たちのマグロ』　斎藤健次著

海の資源を持続させるために

チェロ奏者で指揮者のロストロポービッチ氏が来日した際、築地市場の見学に同行した話には前にも触れたが、今も記憶に残る光景がある。場内の熱気に感染したのか、「このエネルギー、これが東京の鼓動だ」。二百キロありそうな紡錘形のクロマグロ（ホンマグロ）にマエストロは、「マグロ、トロ、トーロ」と叫んだ。

その後、本書にも出てくる場内の「大和寿司」へ。マグロを肴に日本酒を少し飲み、ご機嫌の様子だった。僕の場合、赤身が好みだが、無性に大トロを食べたくなる時もある。口中で自然に溶けるような美味、よくぞトロと言ったものだ。確かに旨いが、どうしてこうも、マグロにこだわるのか。二〇〇〇（平成十二）年、築地市場の初競りで、近海もののクロマグロ一本に二千二十万円、キロ当たり十万円の最高値がついた時の衝撃は、今も語り継がれている。

現代人の味覚に合い、高蛋白、低脂肪、低カロリーの健康食とあって人気を呼ぶのだろうが、ロ氏に見られるように滑らかに充実した姿には人を夢中にさせる何かがあるのかもしれない。高度な体温調節機能と弾丸のような突進力のあるマグロは、魚類の中で最も進化した種である。

最高級のマグロの漁場と言えば、下北半島の大間。斎藤健次氏は二千二十万円の獲物を捕獲した延縄《はえなわ》漁師を直接取材し、最高値がもたらされた正月五日朝の驚きを再現している。一獲千金の率直な感想もいいが、一本釣りの船の同乗記がいい。

「二百キロのマグロを自分の手とテグス一本で仕留める。その手ごたえがたまらない。それがマグロ漁を続ける理由だべ」。若い船頭の言葉から、海に生きる心意気と自然界の大物への畏敬の念が伝わってくる。

本書は、その大間やミナミ（インド）マグロ漁の基地の焼津、完全養殖が進む串本、築地や船橋市場などを歩き、一兆円規模のマグロビジネスの実態に迫っている。

世界の漁獲量の三分の一を消費する日本への批判は厳しい。資源保護のため減船する一方、違法な漁をする外国船からも買い付けるので乱獲はやまない。マグロの餌の小魚も含め、「海が枯れている」。そんな実情を知ると、マグロで一杯を無上の喜びとしている我が身が後ろめたくもある。

遠洋航海三度、延縄漁船員歴七年の斎藤さんは、船橋市でマグロ料理店を営んで二十年。マグロのカルビ焼き、ステーキ、竜田揚げ、さつま揚げ、ネギ味噌たたき……。どれも旨そうですぐにでも飛んで行きたくなった。生産と流通の現場を知った上、お客に喜んでもらおうとする立場から資源の持続を訴える熱っぽい筆は、具体的で説得力がみなぎっている。

（小学館・1400円）

第六十四冊

『コンビニ・ララバイ』　池永陽著

人の出入りする〝オアシス〟にドラマあり

その名の通り、コンビニエンス・ストアは便利な存在だ。現れ始めた頃、これは二十四時間型の都市生活の徒花《あだばな》だと思ったことを忘れ、今は深夜にコンビニの明かりを見るとホッとする。

意外に、旨いものもある。よく行く公園のそばにあるコンビニのソフトクリームがいい。滑らかなクリームとパリパリしたコーンが絶品。しかも安い。どこのものより、気に入っている。

おでんを置いている店もある。仲間と花見をした時、誰かが持ち込んだおでんを食べると大根もがんもどきも、いい出汁《だし》がしみている。「どこの?」と聞いたら、「何、そこのコンビニさ」と言うのでビックリ。「競争の激しい業界だから、コンビニのおでんだって馬鹿にはできないよ」と言われてしまった。

七話の連作短編集の舞台であるミユキマートには、おでんがない。しっかり者の従業員の治子が「腕によりをかけてとびっきりおいしいおでんを作るから」と持ちかけても、マスターの幹郎は乗ってこない。終夜営業に踏み出す気もない。

一人息子を交通事故で、妻を自殺ともとれる事故で失い、生きる張りをなくしている。そんな幹郎の持つ不思議なあたたかさに引かれるのか、ミユキマートには心に傷を負った客が集まってくる。治子に惚れていながら鉄砲玉となって消えるやくざ、愛犬のため焼きそばを買うホームレス、失声症に陥る女優の卵、恋人に言われるまま万引きや売春を繰り返す女子高校生……。どの章も味わい深いが、ヒモみたいな男との出口の見えない腐れ縁にあえぐホステスが、二人で郷里に戻る夢にしがみつく「あわせ鏡」の悲哀感がいい。

夢と挫折が織り成す七話とも甘くはないのに、ミユキマートが殺伐とした人間社会のオアシスに思えてくる。どこかで踏み外した人々を受け入れているうち、幹郎の中で何かが変わったのか、治子に「終夜営業にしよう、この店」と言い出す。

しみじみ読んで、十年ほど前に住んでいたマンションの近くにあった、やはり個人営業のコンビニを思い出した。話好きな中年の主人は、大手スーパーに勤めた経験を生かし、品揃えも商品知識もしっかりしていた。小さくても実に重宝な店だが、どういうわけか、従業員が居つかない。次第に主人の顔に疲れと汚れが滲み出してきた。家庭の匂いがしない人に、すえたような臭いが漂うようになった。食べものを扱う商売で、これじゃどうなるかと気にしていたら、いつの間にか店は閉じられてしまった。

彼には、幹郎における治子のような存在が欠けていたのかなあ。その場所、今は若い夫婦の花屋になって繁盛しているそうだ。

（集英社文庫・600円）

第六十五冊

『日々ごはん④』　高山なおみ著

ゆるーいカレーで二日酔いを癒す

なんとも、気持ちのいい造りの本だなあ。寝ころがって読むのによさそうだと思ったら、著者自身、「布団の中で読める本がいいなと思って」と言っている。仲間と飲んだり食べたり歌ったり踊ったり、「身を削って楽しんでしまう」結果、二日酔い、時には三日酔いになってしまう。

夫の「スイセイ」と一緒に、友だちも連れて朝方ご帰館。だらだらおしゃべりして過ごしつつ、「この、時間の切れ目のない感じって何かに似ているなと思ったら、それは旅行中の空気。今は二日酔い旅行中だ」。スイセイって、酔生なのかな。二人三脚で、二日酔い状態を楽しんでいる。

二日酔いで何を食べるかは永遠の課題だが、僕の場合、くたくた熱々の素うどんをずるずる啜っていると汗が出てきて「この感じがよくて深酒するのかなあ」と愚にもつかないことを思う。刺激物もほしくなる。

この本の一例。「牛乳入りの優しいカレーを作った。（略）カレールーはほんのちょっとしか入れない。優しいカレーは飲みすぎて内臓がくたびれている、今夜の私たち家族にぴったり」。翌日の昼食には、「昆布とかつおぶしで真面目にだしをとって」カレーうどんをつくる。そうか、そんな手もあったか。

本書は、東京・吉祥寺にあった料理店のシェフを務めた料理家、高山なおみさんの日記シリーズの四冊目。試作品のレシピや総菜のメニューも役立ちそうだが、活力を秘めてゆったりした文章のリズムが心地いい。料理教室、レシピ作り、撮影、執筆で忙しいはずなのに追われている様子が全くない。畑やジムや図書館に通う一方、おおらかな大家族のような交遊の日々を謳歌している。

昼寝して「私らって、自由だね」と言うと、大人《たいじん》の風があるスイセイが「仕事をたくさん入れて忙しくないからこういうことが出来るんじゃ」。そんな時の夜は、「砂肝とキャベツのマスタード炒め、小松菜の塩ごま油和え、人参の塩もみ酢醤油かけ、南瓜《かぼちゃ》といんげんの煮物、ふわふわ納豆、玄米、大根の味噌汁」。手間を惜しまない食事の暮らしぶりに、スローライフの本領を見るようだ。

気の合う友人夫婦と二組四人で盛大に飲み食いし、翌日はスイセイ流の真似をして「いやあ、楽しかったのお」と言いながらだらだら過ごした。

豆乳とそうめん、食後に熟したマンゴーの汁をしたたらせて食べる。寝ころがって、高山さんの『諸国空想料理店』も読み、〝なおみワールド〟にどっぷりつかる。野菜たっぷりのゆるーいカレーで酒を抜く。明日の昼はカレーうどん、と思い出した頃には「夜は飲むぞ」という気持ちがむくむく沸いてきた。二日酔い、つらいばかりじゃないゾ。

（アノニマ・スタジオ・1300円）

第六十六冊

『巷の美食家』　開高健著

新しい天体――美味の発見に奔走した果てに

前回、高山なおみさんのゆったりした暮らしぶりに触発され、二日酔いはつらいばかりじゃないと書いたが、それでもやはり、酒飲みにとって二日酔い対策は永遠の課題のようだ。

世界中の酒を飲み尽くした感のある小説家も予防策を説き、それでもなお「ツイツイ二日酔いになってしまったらどうするか。これを議論しだすと、百人百説、みんな口ぐちに自家処方を述べたて、それだけで酒のサカナになる」と、お手上げの様子である。

梅干しをほぐして入れた番茶、熱い風呂、胃腸薬、迎え酒、そして水……。あれこれ例を挙げてはいるが、結局は時間が経って回復するのをジッと待つしかないのだ。

この本は、味覚の発見に〝新しい天体〟の発見以上の意義を認めた開高健のエッセイ集から編み直した文庫版。越前岬の漁師宿で頬《ほお》ばった白く豊満な松葉がに、冬の諏訪湖畔の旅館で貪《むさぼ》ったワカサギと馬刺し、ニューヨークのリトル・イタリーの店で二ダースも啜《すす》り込んだ淡い桃色のハマグリ……。あらゆる美味を食べ尽くして、生と性の根源に迫ろうとしている。

その〝美食大王〟の如き小説家が、本書でスタインベックの「朝食」を二度引用しているが、僕もこの掌編小説を繰り返し味わっている。

寒い朝、ゆきずりの旅人が、テントを張っている綿つみ労働者一家から朝食を供される。朝日の中、金色にはじける脂の中でジュージューと音を立てるベーコン、焼き立ての分厚いパン、熱くて苦いコーヒーを。一家の若い男が、「おれたちはこれで十二日間もうまいものを食ってるんだ」と誇らしげに言う。

食事というものの本質を衝いたスタインベックの描写を読んだ日本の小説家は、そこに食べる行為の原点を見ているようだ。そう思う。

一度だけ、開高健を見た。一九六五（昭和四十）年四月、東京都心の清水谷公園で行われた「べ平連（ベトナムに平和を！ 市民連合）」の最初の集会であったと思う。日焼けしていい艶をした顔と白い服に包まれた体躯から、精気を発散させていた。

戦場取材で命からがら逃げ回り、釣りと冒険行で世界の果てまで駆け回った行動する小説家は、絢爛《けんらん》たる名作を残して五十八歳で逝った。

活動の拠点であった茅ヶ崎市の自宅は今は記念館となっており、膨大な著作とともに書斎も見ることができる。長駆、外から戻っては、ここで「たれこめて」思索に耽り、執筆に没頭したのだろう。生前そのまま、万年筆や原稿用紙の文房具類、釣り道具や釣果の剥製《はくせい》、珍しい酒類の瓶などが置かれた部屋は、シンと静まり返っている。「大昔からの難問」の二日酔いからも、永遠に解き放たれてしまったのだ。

（グルメ文庫・６８０円）

第六十七冊

『危ない食卓』　フェリシティ・ローレンス著　矢野真千子訳

グローバル化がもたらした〝食〟の弊害

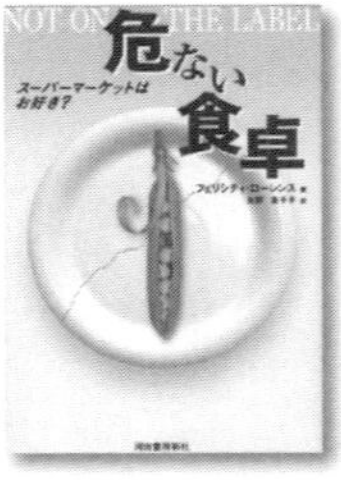

朝刊を読んでいたら、埼玉県の養鶏場で鳥インフルエンザに感染した鶏が見つかったという。同じ日、テレビのニュースが西ロシアの一帯でも鳥インフルエンザが広まっていると報じていた。

鶏肉や鶏卵を食べたことで、人が鳥インフルエンザに感染した報告例はまだないそうだから過剰反応は戒めなければならないが、世界の各地で起きているこうした現象は、なにやら不気味である。

「私たちは国全体が豊かになるにつれて、食べ物とその生産方法への不安をますます強めている。（略）鶏卵のサルモネラ菌、ＢＳＥ、口蹄疫、肉やハチミツに含まれている使用禁止の抗生物質、鮮魚の化学物質汚染」

イギリスのジャーナリストである著者は、現代のフードシステムに警鐘を鳴らしているが、それは我々の日本社会にもそっくり当てはまる。時代の趨勢《すうせい》とはいえ、グローバル化が食の分野にもたらした弊害は大きい。

地球規模の競争が激化し、イギリスでは四大スーパーが食品市場の四分の三を支配するまで寡占化している。生産者や納入業者は、スーパーという名の巨大な小売業に奉仕する存在となってあえいでいるが、影響はそこにとどまらない。

小規模店の廃業による都市の地域社会の衰退、農村の経済と景観の崩壊、外国人労働者の劣悪な環境、国境を超えた食品の長距離配送による環境負荷……。食品産業の実態や途上国の悲惨な生産現場を身をもって取材した女性ジャーナリストは、グローバル化と集中化が招いた多様な問題を具体的に提起している。

トリ肉も、工業化とグローバル化の産物だ。重量の三〇%が水の例もあるタイやブラジル原産のものを輸入したオランダで、水分を保つため加水分解たんぱく質を添加し、それをイギリスに輸出している。トリ肉にブタ、さらにはウシの廃棄物に由来するたんぱく質が注入されている疑いもあるという。ゾッとする。

つい先日、都心のエスニック料理店でチキンカレーを注文した。スパイシーなソースには食欲を刺激する旨さはあるが、肝心のトリ肉は口中でかみしめるまでもなく、グニャリ。よくないものを食べている気がして、途中でやめておいた。

出所不明の材料を使った食べ物があふれる時代に、どう自分を守るか。できる限り、スローフードの精神を実現することではないか。郷土料理や質のよい食品を守る、小生産者を守る、食育を進める――。著者が、買い物の基本として「地元で、季節のものを、直接手に入れる」と言っていることにも重なる。

健康な食品の生産、供給、享受にはグローバル化は向かないのだ。

（河出書房新社・1800円）

第六十八冊

『東京・居酒屋の四季』　旨くて安くて心地よく

太田和彦著　写真＝飯田安国

おお、やっぱり、大塚の「江戸一」が載っている。「コ」の字に並ぶご同輩の間に収まり、銘々盆に向かう。至福の瞬間だ。太田和彦氏は、冬の「ぬらりとした海鼠《なまこ》」の歯ごたえ、磯香、えぐ味を特筆しているが、四季折々の肴がどれもいい。女将《おかみ》の客あしらいがいい。何よりも酒がいい。

大塚の近くに住む友人を連れて行ったら、あまり飲まない男が珍しく三本も空っぽにした。「どうしてこんなに旨いんだ。何か入っているのかな」と感嘆しきり。訳知りぶって「何も入っていないから旨いんだ。燗の加減が絶妙なのさ」と言ったら、「うーん」とうなってもっと飲みたそうだった。

いつだったか、演藝・演劇評論家の矢野誠一氏をお見かけしたが、銚子三本、ビール小瓶一本を飲んで気持ちよさそうに引き上げて行った。そうか、ビールで仕上げるやり方もあるのか、と感じ入った覚えがある。

その矢野さんたちと待ち合わせた十条の「斎藤酒場」も出ている。駅前で交番の外に立っていたお巡りさんに店を聞く、とすぐに指さした。「いいなあ、こんな早い時間から斎藤酒場で飲むのか」という気持ちが、表情にありありと出ていた。

安くて旨くて、居心地最高。ポテトサラダ（二百円）と串かつ（一本二百円）の写真に見入っていると、喉《のど》が鳴った。ここは臨機応変、まずビールだな。この原稿を終えたら、飛んで行こう。

春夏秋冬の四章仕立ての本書は、湯島の「シンスケ」から始まる。新宿「鼎」、下高井戸「おふろ」、森下「山利喜」など何度も行ったことのある居酒屋界の名店三十六を紹介しているが、トリに銀座の「三州屋」を置いたのは、さすが。この店の気取りのなさ、居酒屋の王道である。

昔、三州屋の隣に「並木座」があった。笠智衆、中村伸郎、北竜二らが、仲間の役で寄り集っては酒を酌み交わす小津安二郎監督「秋刀魚の味」。見ているうち喉が渇き、終わると三州屋に駆け込んだ。太田さんも、見事に焼き上がった秋刀魚の写真を添えた四谷「ととや」の項で、「一人娘を嫁にやる父の心境を描いた映画に、なぜ『秋刀魚の味』と名付けたのだろうか」と書いている。

あの佳品には、秋刀魚を食べるシーンやセリフは一度も出てこない。小津調の淡々とした展開の裡《うち》に、落魄の恩師（東野英治郎）と、結婚しそびれた娘（杉村春子）が登場する辺りでほろ苦さが漂う。初老にさしかかった教え子たちが我が身の先行きを思い、自分の娘の結婚を案じる。秋刀魚のわたの苦さに寓意があると思うのだが、どうだろう。

折りしも初秋刀魚の季節。ああ、「ととや」にも出かけたくなった。どうにも、困った本である。

（新潮社・１３００円）

第六十九冊

『全日本　食えば食える図鑑』　椎名誠著

日常から消える伝統食品

先夜、編集者たちとの酒席で珍しい食べものの話になり、琵琶湖の近くで育ったYさんが、名物の鮒ずしを挙げた。「お主、できるな」と言おうとしたら「僕は苦手だけど」。酔った頭で「なんとまあ、もったいない。ああいうくさいものが、酒に合うんだよ」と言ったような気がする。

思いがけず、そのYさんから彦根市の老舗の鮒ずしが届いた。いやあ、こういう知り合いは、実にありがたいなあ。塩漬けした琵琶湖のニゴロブナと、江州米をじっくり熟成させた絶品。薄く切ったのを肴にチビリチビリ飲っていると、酒がすすむ。強烈な匂いにゾクゾクする。発酵学の小泉武夫教授の持論ではないが、ホント、「くさいはうまい」のだ。熱い煎茶のお茶漬けで仕上げて、大満足だった。

強靱な胃袋と旺盛な行動力の椎名誠氏が、各地の変わったものを食べた本書を読んでいたら、最後の章に鮒ずしがある。もっとも、「奇食珍食というシリーズとしてはこの鮒ずしはその歴史と奥深さにおいてやや筋違いという印象」と記しているが、その通りだろう。

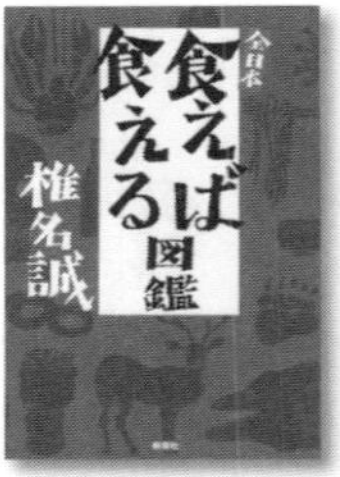

その素材のニゴロブナが激減し、危機的状況にある。湖を取り巻く自然環境の悪化もあるが、繁殖力の強いブ

ラックバスなどの外来種を放った心ない仕業のせいで、固有種が駆逐されている。

憎っくきブラックバス（魚に罪はないのだが）のなれずしを試みている奇特な人が湖畔に住んでおり、椎名さんの目的はその試食にあるらしい。「まったく抵抗なくすんなりといい味である」。とすると、「コメの発酵食品としてのなれずしのひとつのバリエーションにすぎない」鮒ずしがあんなにくさいのは、鮒のせいなのか。

あれほどでないが、ハタハタのなれずし（飯ずし）もかなりにおう。津軽地方の日本海に面した漁港の町、鰺ヶ沢に親戚があり、そこから届く飯ずしを僕もよく食べた。鮒ずしに初めから抵抗がなかったのは、幼い頃の食体験のお陰だろうか。

椎名さんも鰺ヶ沢に行っているが、ハタハタではなく白神山地の熊の内臓、睾丸、陰茎の焼きものを食べている。与那国島・石垣島で椰子蟹とウミヘビ、宮古でゴカイの親戚みたいなエラコ、阿寒湖でウチダザリガニを試食。土地の旨いものがあるだろうに食糧難に備えて率先、実験しているようだ。犠牲的挑戦に、ただ脱帽！

軟弱な僕としては、まあ、鮒ずし止まりか。Yさんが教えてくれた琵琶湖の老舗に注文しようとしたら、「商品の供給が難しくなったため、しばらく受注を止めさせていただきます」という。こうして、文化とも言える伝統食品が、僕らの日常から遠ざかっていく。


（新潮社・１４００円）

第七十冊

『サトウハチロー　僕の東京地図』　サトウハチロー著

移ろう都市の残像をたどる

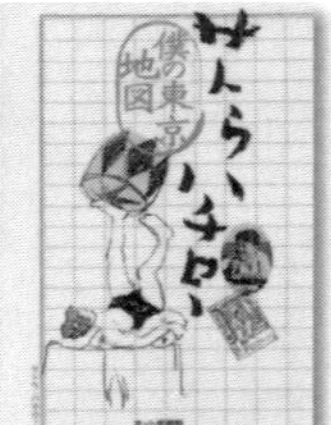

人それぞれに町とのかかわりがあるが、サトウハチローの場合、やはり浅草になるだろう。小説家、佐藤紅緑の長男として牛込に生まれ、十五歳の頃から浅草にたむろする。落第三回、転校八回、勘当十七回の不良少年は、全盛期の繁華街の熱気の中でエノケンやロッパ、沢田正二郎、金子光晴、室生犀星らと交流する。町の持つ力が人気詩人を育てたと言えるが、彼はまた町歩きの先駆者みたいに東京の隅々を歩いている。

本書は、昭和十一（一九三六）年の新聞連載をまとめた本の復刻版。浅草同様に親しんだ銀座をはじめ、「芝〜三田〜麻布」「新宿〜四谷」「日本橋〜月島〜丸の内」「泉岳寺から蒲田まで」などの探訪記から、市井の人々の穏やかな営みが伝わってくる。まだ、戦火のにおいはない。

ハチローの子息の佐藤四郎氏によると、父親のみやげは、「カラスミだったりふぐの刺身、仙台名物長茄子の漬物や笹蒲鉾。要するにおよそ子供の味覚とはほど遠い、酒の肴だった」。当然、東京の町歩きは、食べ歩きの様相を帯びてくる。

商いの朝は、実に早かった。「上野〜谷中〜本郷」の章を読むと、上野にも住んだハチローは、徹夜の仕事明けで飲みに出る。「揚出し」という店で「お湯に入る、湯豆腐で一杯やってしじめでおまんまをいただいて家へかえる。（略）朝五時というのが、何よりの看板だ」。創業三百年の店は洋画家の小絲源太郎の生家だから、人はどこかで交錯するものだ。

谷中界隈で「カンテンの同級生みたいな」愛玉子《オーギョーチイ》を食べたのを知り、台湾の果実を使った摩訶不思議な味がなつかしくなった。「谷中と申しても広うござんす」とハチローの言う通りだが、ここは奥も深い。

僕も住みたいと思ったほど気に入っている辺りの路地に、「天豊」という店があった。看板のてんぷらはもちろん、酒の肴がみな旨くて安いが、鴨《かも》の燻製《くんせい》が絶品。店の前で、主《あるじ》がドラム缶の火をバタバタあおいで手づくりしているらしい。

うなる思い出で滋味を堪能していたら「鴨も鯖《さば》もいいが、燻製は秋刀魚《さんま》が一番」という。

そうか、秋刀魚は干物も旨いからスモークしたらもっとよさそうだ。楽しみにしていた去年の秋は、病気をして食べ逃し、期待した今年は、九月を前に「天豊」は閉じてしまった。燻《いぶ》し銀の魅力がある主は、七十歳を機に一関に引っ込むという。秋刀魚の季節、無念の思いをかみしめている。

ものみな移ろう。サトウハチローの探訪からほぼ七十年、戦争や開発などを経て町は変わり、多くのいい店の味も消えつつある。『東京の地図』は、その残像を味わうよすがとなるだろう。

（ネット武蔵野・1400円）

第七十一冊

『作家の食卓』　コロナ・ブックス編集部編

革新世代も、円満な〝グルメおじさん〟に

文士たちの食べっぷりに、ただ目を見張る。日常の食事、通った店、おやつの三章から成る本書は、写真を多用して食卓風景を再現している。

神戸のレストランの分厚く、見るからに豊潤なテンダーロインは、文豪・谷崎潤一郎にふさわしい。石川淳の夕食、六百グラムのステーキに脱帽。野外で茹で立て、山盛りの蟹を喰らう開高健の形相には物の本質に迫ろうとする凄みがある。円地文子でさえ、「あの小さな体で、ステーキなぞ若い人並に食べていた」。作家生活は居職の仕事。とすると、食べる行為は喜びであり、創作の力でもある。

内田百閒、吉田健一、池波正太郎ら食べ物について語った顔ぶれの中、異色は寺山修司。パートナーだった九條映子（今日子）氏が、「青春時代の空白の飢えと、もうすでに決まってしまっている四十七年間の命の時間とを、一挙に埋めようと、つじつまを合わせるかのように、食いしん坊だった」と語っている。

「ライスカレー人間というのは現状維持型の保守派が多くて、ラーメン人間というのは欲求不満型の革新派が多い」

本書の中で引用されている、家庭の味のライスカレーと街の味のラーメンを比較した彼の文章は興味深い。劇作家一流の表現で、ライスカレー人間を〝歩兵〟と断じる一方、ラーメン人間に「少し貧しく、そしていらいらしている」と愛情ある視線を注いでいる。

この一文が出た一九六七（昭和四十二）年当時、僕らの世代には確かにそんな一面があった。カレーは今も家庭の味であるかもしれないが、ラーメンは加熱するグルメブームの手軽な目玉と化した。ガイドブック片手の有名店の行列を見たら、寺山修司はどう感じるか。欲求不満型の革新派の世代も、味にうるさいだけの、円満な〝グルメおじさん〟の群れに変貌したかに見える。〈マッチ擦るつかのま海に霧ふかし身捨つるほどの祖国はありや〉。革新は、言葉も実体もどこへ行ったのだろう。

そんなことを思いつつ読むうち、半世紀前の記憶が蘇ってきた。青森市の親戚に出かけた僕は、市営球場で野球を見たり海辺の公園で遊んだりした後、だんご屋へ連れて行かれた。小さいが、評判の店らしい。餡《あん》ではなく、黒蜜みたいなもの使っただんご。子供の舌にも、ただ甘いだけでない旨味が伝わってきた。

ふと、親戚のおじさんが言った。「この近くに寺山修司が住んでたんだよ」。短歌や俳句にすでにきらめく天分を発揮していた白面の奇才の名前は、小学生の僕の耳にも聞こえていた。「このだんごを食べたんだべか」と思った覚えがある。あのしもた屋風の店は、今もあるだろうか。

（平凡社・1600円）

第七十二冊

『東京　待ち合わせ案内』　プチグラパブリッシング発行

誰かと待ち合わせしたくなった

今は気の利いたデート・スポットが多くなったが、六本木の「アマンド」と言えば、〝六本木族〟を生んだ昔から、ちょっとお洒落な待ち合わせ場所であった。本書でも当然紹介されており、そのページにシュークリームの写真が載っている。

二十代後半の新聞記者時代、めったに行かないアマンドを待ち合わせ場所に指定された。相手は僕の父親の親友の娘で六歳下、年の離れた妹みたいな存在だった。大きなよく動く目、小柄ながらバランスのいい肢体をした小悪魔のような魅力の娘は、演劇に首を突っ込んだり陶芸に手を出したりして自分を探しあぐねている時期だった。その日も、そんな話で呼び出され、仕事の都合で遅れて行くとコーヒーでシュークリームを食べていた。唇の端にクリームが残っているので教えたら、チロリと舌を出してペロンとなめた。困った娘だ。

と、背後の席から「アラッ」と声が掛かった。振り返ると、よく自宅まで取材に通った某中央官庁の官僚の夫人と仲間。立ち上がって来て、興味深そうに「デートのお邪魔かしら」。「いずれ、根掘り葉掘り聞かれるんだろうなあ」と観念したが、有閑マダム風のご婦人方の待ち合わせ場所でもあったのだ。

「東京の待ち合わせ場所一〇〇選」。「ターミナル駅で」「ビジネスの街で」「休日に」の三章構成の本書では渋谷・ハチ公や新橋・ＳＬの古典的な場も取り上げているが、日々進化し深化する東京らしい穴場もある。待ち合わせという一日のポイントを、相手や用件に応じて演出するよき手引きになるだろう。

銀座七丁目の「ライオン」が載っている。そうか、どうせ食事の前にまずビールを飲むなら、ここで待ち合わせてきめ細かな泡の生ビールを一杯だけ、という手があったか。それから、メインのすし屋なり洋食屋なりに移り、日本酒やワインを飲む。銀座を、二度楽しめる。

生ビールと言えば、神保町の「ランチョン」も出ている。窓外の古本屋街を眺めながらジョッキを重ね、メンチカツなんかで腹もこしらえる。これも本書にある「山の上ホテル」まで歩き、バーで仕上げをしつつ談笑する。ああ、本末転倒かもしれないが、誰かと待ち合わせたくなった。

喫茶店では銀座の「ウエスト」が紹介されている。ドライケーキをよく買って帰るが、奥の喫茶室もいい。壁もテーブルクロスも白でまとめた様子は、銀座らしい落ち着きがある。シュークリームの写真に、ナイフとフォークが品よく添えられている。あの〝シュークリーム娘〟はどうしていることやら。この店の雰囲気が似合う大人の女になっているといいのだが。

（プチグラパブリッシング・１５５０円）

第七十三冊

『ヘミングウェイの言葉』　今村楯夫著

文学修業は味覚も磨いたのか

今年はまだ生ガキを食べてないなあ、十月中旬になるのに。本書を読んでいて、唐突にそんなことを思ったのは、ヘミングウェイが二十代に六年を過ごしたパリの文学修行時代を回想した『移動祝祭日』の中の、カキを味わう場面が蘇《よみがえ》ってきたからにほかならない。

この作品の第一章に出てくる「サン・ミシェル広場の良いカフェ」で、物語を書くことに没頭したまだ無名の小説家は、ノートを閉じてから一ダースのカキと辛口の白ワインを注文する。

「牡蠣は強い海のにおいとかすかな金属の味がしたが、冷たい白ぶどう酒はそれを洗い流して、あとにただ海の味と汁気を残した」（福田恆存、福田陸太郎訳）ハードボイルドの文体の作家らしい、余分な飾りのない描写でカキの特質を言い当てている。今年もまた、この海の幸を楽しめる季節がやってきた。

『ヘミングウェイの言葉』は、大作家の作品群から七十七の断章を抽出している。「人生」「異国・祖国」「自然」「楽しみ」「執筆」の五章に分け、ヘミングウェイの魅力を解き明かす試み。『日はまた昇る』『武器よさらば』『老人と海』など名作の中の言葉が多いが、七十七のうち『移動祝祭日』からの引用が八つも占めている。

「もし若いときにパリに住む幸運に巡り会えば、後の人生をどこで過ごそうともパリは君とともにある。なぜならパリは移動する祝祭だから」（今村楯夫訳）。印象的な言葉で始まる晩年の回想はみずみずしく、戦争や紛争、冒険にのめり込んで世界各地を駆け巡った行動する作家の生涯に、いつもパリの青春時代がつきまとっていたことがよくわかる。

本書の「楽しみ」の章を読むと、釣りや狩猟や闘牛より料理やワインに多くのページが割かれている。「この世でワインほど文明的なものはないし、これほどの極致に到達した自然物も少ない」（午後の死）という、一級のワイン通を思わせる言葉も出てくる。

アメリカ中西部に育った青年は、第一次大戦が終わったパリの自由な空気を享受しながら文学修業に励み、貧乏なりに美酒や美食の感覚も磨いたのだろう。サン・ミシェル広場のカフェの場面は、「私はその牡蠣を食べ、一つ一つの貝がらから冷たい汁を飲み、さわやかな味のぶどう酒で、それを流しこんだ。そうしていると、空虚な感じが消え、楽しくなって、これからの計画を立て始めた」と続く。

それにしても、彼らはやはり、生ガキをダース単位で食べるんだなあ。いろんな味わい方をしたい僕は、せいぜい五個もあれば……。生ガキ、酢ガキにカキフライ、もう少し寒くなったら鍋もいい。

（新潮新書・680円）

第七十四冊

『文人には食あり―文壇食物誌』
つきまとう、ふるさとの味

山本容朗著

ちょっと気の重い用事があって青森まで往復したが、それはそれ、こんな時こそ、おいしいものを食べて元気を出すに限る。用事を終えて、初雪になりそうな雨の中、青森市内のいつも立ち寄る寿司屋へ出かけた。ヒラメ、マグロ、ホタテ、ソイ、イカ、タコ、アワビ、アカガイ……。主に地のものを、伊奈かっぺい氏みたいな軽妙な津軽弁の主《あるじ》が、肴や握りで出してくれる。ふんだんに食べて飲んで七千円ぽっきり。銀座なら、目ん玉が飛び出るだろう。

鯖と、東京の寿司屋ではめったに注文しない鮭が殊によい。鮮度も脂の乗り具合も、格別であった。実は車中、早いお昼に「八戸小唄寿司」の駅弁を食べた。♪唄に夜明けたかもめの港……。鯖の青、鮭の赤。三味線の形をした容器の押し寿司を撥《ばち》で切り分けて食べると、胸の裡《うち》に民謡の旋律が鳴り響いてくる。

吉田健一、獅子文六、開高健、吉行淳之介、向田邦子ら文士と飲食のかかわりを作品を通じて説いた本書の中の「ふるさとの味　三浦哲郎」の章に八戸小唄寿司があり、著者の山本容朗氏も「機会あるごとに、食べている」そうだ。小唄寿司の他にも引用された三浦さんの文章を読むと、なつかしさに喉《のど》が鳴る。

イチゴ煮。「まさか果物のイチゴを煮るわけではない。浜でとれたばかりのウニとアワビの薄切りを、さっと煮立てた潮汁である。椀の蓋《ふた》を取ると、ぷんと磯のかおりがする」。「とりわけ酒の途中がいい」と言われ、訳もなくうれしくなる。

アブラメの塩焼き、菊の花びらの味噌漬け、それに鯨汁も載っている。「大根、人参、葱《ねぎ》、ジャガイモの入った野菜汁で、それに鯨の脂身をそいで入れる。豚汁などとはまた違った独特の風味があって、私は好きだ」。僕も好きだ。冬の夜に母がつくってくれた鯨汁も、しかし記憶の中の、遠い味になってしまった。

「おふくろのイクラ　渡辺淳一」の章を読んでいると、ふるさとの味とは、母の味だとしみじみ思う。渡辺さんの母上のつくったイクラを食べた人は、一様に「おいしい」と感心するそうだが、秘けつは「ひたすら洗うこと」にあるという。

そういう母親を持った〝恋愛小説家〟は、イクラ丼の店を出そうかとさえ思う。「ササニシキの白いほかほかしたご飯に、母のつくったイクラをたっぷりとかけ、温かい三平汁に、これも母のつくったニシン漬けをつける」。青森の寿司屋のイクラは絶品だったが、「ひたすら洗う」おふくろのイクラはどんな味がするのだろう。

イチゴ煮の缶詰を買って青森から帰る列車内でも、八戸小唄寿司をまた食べた。一体、何をしに行ったのやら。ふるさとの味は、どこまでもつきまとうものである。

（グルメ文庫・６６０円）

第七十五冊

『コクと旨味の秘密』　伏木亨著

燻製に惹かれる訳がわかった

燻製《くんせい》に病みつきになっている。といっても、自分でつくるわけではなく、おいしい店に通うだけなのだが。世田谷・三軒茶屋駅から、少し歩いた店が気に入っている。「燻製屋Ｎｕｂｅ」。レストランの感覚と居酒屋の居心地を併せ持った店のメニューは五十種類近いが、半分は燻製料理だ。

水ダコや甘エビのマリネ、地鶏とマッシュポテト、ロースハムとレンズ豆などの小皿料理が、スモークしただけなのにどうしてこう風味が生じるのか。若い店主は、「何か、専門性を出したくて」燻製を始めたという。開店する時、八十九歳になる祖母が「私が若かったら手伝いに出られたのに」と残念がったそうだが、おばあちゃんの得意技をヒントに一工夫した蒸籠《せいろう》で出すおこわが絶品。もっちりとして、しかもおこわらしい硬さがある。キノコやインゲンなどとともに燻製した鮭と厚焼き卵がのっている。移り香のせいなのか、おこわの味にコクがある。

安直にそう言ってしまったが、コクとは何だろう。本書の伏木亨氏によると、「うま味」はアミノ酸やイノシン酸などの具体的な物質の味で学術用語として認められているが、「コク」は曖昧《あいまい》な言葉である。それを研究の

俎上《そじょう》に載せている。

コクは三層構造なのだそうだ。コア（中心部）のコクは、糖と脂肪とダシのうま味の三要素から成っており、「生命維持のための本能的な味わいである」と唱える。コアの外側にある食感や香り、風味が第二層のコク。「単独ではコクとは言えないが、食品の中でコクを増強するもの」。第三層は「精神性が加味されたコク」。上品な吸い物のように、「味わう者の精神世界に大きく依存するコク」だという。

とらえどころのない性質のものを科学的に定義する試みに心意気を感じるが、身近な話にも興味を覚える。ビビンバの「混ぜ合わせ」、食パンにピーナッツバターとジャムの「合わせ技」、味噌漬けやぬか漬け、松前漬けの「漬ける、浸ける」などコクを増す食べ方の例を読んでいたら、「こがす、いぶす」があった。

「燻製はけむりでいぶすだけの簡単な加工ですが、コクの深さは大したものです」。やはり、燻製にコクを感じた我が舌に間違いはなかったか。なぜ、煙にコクがあるかは不明だが、伏木さんは「口に入れればそれらのコクは明らかです」と言い切っている。

「Ｎｕｂｅ」の店主も作り手の立場から煙の秘める摩訶不思議な力を語る。「例えば、マリーネしたものをスモークすると、煙と一緒にドンドンうま味がしみ込んでいいコクが出るんですね」。燻製に病みつきになってしまうわけである。おばあちゃん直伝のぬか漬けもうまい。

（新潮新書・６８０円）

第七十六冊

『白いプラスティックのフォーク』　片岡義男著

ズバリ、「チョコレート・ワン・サービス」

『スローなブギにしてくれ』の片岡義男氏には、読者としてミステリーの翻訳ものでもお世話になった。小説や評論、写真で多彩な表現活動をする才人の、四十七篇のエッセイ集の副題に「食は自分を作ったか」。ヌードル・スープ、干し葡萄、アイスキャンディ、チキン・クラブ・サンドイッチ、スパゲティ・ナポリタン……。様々な食体験を通して「僕」という自分を語っているが、そこに投影される時代、殊にアメリカ文化を浴びた占領下の世相の描写にいい味がある。

本書にも出てくるが、わが体験を振り返って蘇《よみがえ》ってくるのが、ララ物資による学校給食の脱脂粉乳。まずかった。対極にあって、ハーシーの板チョコが輝いていた。

「ギヴ・ミー・チョコレート」。アメリカ兵のジープを追って子どもたちが口々に叫んだ時代、義男少年の記憶は少し違う。呉市の繁華街で年上の子が「チョコレート・ワン・サービス」と叫んだという。さすが、後に翻訳を手がける人の感性の記憶は違う。「こちらのほうが、日本人の台詞としてはリアルさの度合いがはるかに高い」という回想に納得する。

やはり軍港だった東北の、僕の田舎町にも〝進駐軍〟はやって来た。ある日、母と一緒に家の前にいたらGＩがオートバイで通った。今から思うと安っぽいが、派手な格好の日本人の女性を後ろに乗せて。と、ハンドルを切りそこねて横転、スカートがパーッとめくれて真っ赤なショーツが目に飛び込んだ。母親に急いで家の中に連れ戻されたが、僕の目はショーツよりも、放り出されたハンドバッグから転がり出たハーシーの板チョコをとらえていた。

カルピスを出してくれた友だちのお姉さんを描いた章もなつかしい。「長めのスカートの裾から出ているふくらはぎ、くるぶし、そしてかかとなどの造形と雰囲気は畳と見事に調和し、カルピスと完璧に一体だった」。小津安二郎の名画を思わせるアングルだが、僕にもよく似た記憶がある。

大学一年生の頃の夏、小田急沿線の世田谷に住む友人の家に寄ると、二歳上の女子大生のお姉さんが、カルピスを出してくれた。大柄で色白、小津映画の原節子を思わせる美貌。白いブラウスにやはり長めのスカート、あの頃は畳の上を素足で歩いた。カルピスにまつわる思い出は、白黒映画みたいなのに、なぜかまばゆい。

二十代半ばの片岡さんが、年長の編集長とウイスキーの水割りを飲みながら召集令状が届いた時の話を聞かされる「水になった氷の悲しみ」の章は、極上の掌編小説の味わいがある。全く気負いのないリズムで戦争の無残を伝えるいくつかの章が、心に深く染みる。「食は自分を作った」のだ。

（ＮＨＫ出版・１４００円）

第七十七冊

『旅先でビール』　川本三郎著

「何をおいても」の、まずビール

本書の冒頭で川本三郎氏は、自分の住む杉並区・浜田山のよさを書いているが、僕も浜田山へは時々出かける。そば、すし、鰻、イタリアン、うどん、ラーメン、焼肉などの水準以上の店が揃う。目下、「浜の湯」につかってから、居酒屋の「かのう」で一杯やるのが気に入っている。

飲んだり食べたりするだけなら浜田山で十分用が足りるのに、川本さんはふらりと外へ出る。文芸や映画の評論をする人はよく歩く人でもあり、そうして生まれたのが、このエッセイ集である。

遠い所では北海道や九州へ、近くは房総や湘南をぶらつく。旅に出るのは日常を離れることであるが、旅先でも普段のペースを保っている。観光地のよくある店には寄りつかず、地元民が好む居酒屋みたいな店を見つけてくつろいでいる。いいんだなあ、これが。

海が見たくて高速バスに乗り、房総の旭市へ。鉱泉につかり、波の音を聞きながらなめろうを肴にビールを飲む。盤越西線の小さな町のそば屋でもビール。ニンニクの利いた味噌をつけ、馬刺しを肴に。僕も会津の田舎町でこんな風にして食べた覚えがあるが、熊本や信州、南部地方の馬刺しの食べ方とは、また違う味わいがある。こん

な時の「まずビール」は、「とりあえずビール」ではない。「何をおいても」の、まずビールなのだ。

おや、日本酒も楽しんでいる。燗酒を。銀座に出た折、歌舞伎座横のそば屋で「気がつくと銚子を二、三本あけてしまっている」。この場合、小津安二郎が好んだ熱燗なのだろうか。僕は人間がゆるいせいか、ぬる燗が好きだが、機会があったら一度、川本さんと燗酒談義をしたいものだ。

ややっ、世田谷の三軒茶屋でも、「池田屋」という店でなめろうで燗酒を飲んでいるゾ。僕は三軒茶屋では房総出身、怒濤の勢いのおかみが営んでいる「味とめ」という居酒屋で、やはりなめろうを肴に一杯やる。

本書の中では、世田谷線下高井戸—三軒茶屋間が一番近い旅のようだ。わずか五キロ、十駅乗っても十七分の旅だが、路面電車の趣を楽しめる。

三軒茶屋に向かう下高井戸へ、川本さんはどう出て来るのだろうか。下高井戸に住んでいる僕は、浜田山との間を往復している百円バスで、電車の時とは異なる風景を眺めながら浜田山へ向かう。

「かのう」へ。ポテトサラダ、串カツ、しめサバ、煮込み、湯豆腐などの中から選び、酒とともにゆっくり味わって、「エッ、これでいいの」と思うくらい安い。還暦を過ぎてから、こういう気のおけない店の一人酒が、ますますよくなった
（潮出版社・1800円）

あとがき――ひとり酒の楽しみ

この本で取り上げた「第六十八冊」に出てくるが、東京・十条に「斎藤酒場」という居酒屋の名店がある。埼京線を利用すると、世田谷のわが家からその店まで三十五分ほどで着くのでよく出かけるようになった。

いつだったかの冬の日。開店まで少し時間があるので、活気あふれる商店街の脇にある古本屋をのぞいた。本棚を眺めていると、後から来た客と目が合い、お互い、「オッ」という感じだったが、言葉までは交わさない。七十年配、まるい顔を酒焼けでつやつやさせた居酒屋の常連客。いつも、隅っこの同じ席でビールをチェイサーに焼酎を飲み、文庫本を読んだりしている。

古本屋の中を一巡りした彼は、そそくさと外へ出ていった。時計を見ると、斎藤酒場の開店時間、四時半が近い。僕も急いで後を追い、暖簾《のれん》が出ると同時に店内へ入る。定席にくつろいだ彼は、いつものスタイルでゆっくり焼酎を飲み、文庫本のページをめくり始める。こちらは何思うでもなく、ぼんやりと店内の常連たちの生態を眺めたりしながら、生ビールから酒へ移る。

もちろん、気の合う飲み仲間と談論風発したり、ゆきつけの小さな店で主《あるじ》や隣り合った顔見知りと取りとめのない話をしたりして飲む酒もいいが、たまには誰も知った人のいない比較的大きめの店で一人酌む酒もいい。東京や旅先の街をぶらぶらし、よさそうな匂いのする居酒屋に入り、見知らぬ客の中にスッポリおさまって一杯やる。自分を取り戻す時間でもある。一人だが同好の士がいる、同好の士はいるが一人を保っていられる。この距離感がこたえられないんだなぁ。

いつの頃から、そういう酒がよくなったのだろう。若い頃の放埒《ほうらつ》な生活がたたったのか、人並みに病気もしたが、前期高齢者と言われる年齢になって、まだそんな飲み方が楽しめるのは幸せなことである。

とはいえ、時間や懐具合がいつも自由ではなく、ではどうするか。「美味礼読」の試みは、そんなひとり酒を楽しむ延長線上の思いつきから生まれた。帯に「おいしい本とあそぼう!」と記したゆえんである。

連載「美味礼読」の機会を与えてくれた「日刊ゲンダイ」の下桐治、青柳茂男(当時)の両氏に感謝いたします。お二人とも、何を話すともなくいて気分のいい飲み仲間でもある。本書は、探検家、写真家、文筆家、編集者と多方面に渡るご活躍をした清水弘文堂の礒貝浩社長の時に出版される予定だったが、二年前の夏、急逝された。氏と、後を継いで出版を果たしてくれた礒貝日月氏、編集担当の渡辺工氏に併せて感謝いたします。

二〇〇九年秋

乳井昌史

本書は、「日刊ゲンダイ」二〇〇四年一月七日～二〇〇五年十二月二十三日号に掲載された原稿から七十七編を選び、加筆・修正したものです。

乳井昌史
（にゅうい・まさし）　エッセイスト
一九四四年六月、青森県生まれ。
読売新聞東京本社論説委員、文化部長など
を経て現在、早稲田大学大学院客員教授。
著書に『スローで行こう』（NHK出版）など。

美味礼読

発行　二〇〇九年十一月十三日
著者　乳井昌史
発行者　礒貝日月
発行所　株式会社清水弘文堂書房
住所　《プチ・サロン》東京都目黒区大橋一-三-七-二〇七
電話番号　《受注専用》〇三-三七七〇-一九二二
FAX　《受注専用》〇三-三七七〇-一九二三
Eメール　mail@shimizukobundo.com
HP　http://shimizukobundo.com/
編集室　清水弘文堂書房葉山編集室
住所　神奈川県三浦郡葉山町堀内八七〇-一〇
電話番号　〇四六-八〇四-二五一六
FAX　〇四六-八七五-八四〇一
印刷所　モリモト印刷株式会社

乱丁・落丁本はおとりかえいたします

 ISBN978-4-87950-594-1 C0095